그물에 걸리지 않는 바람처럼

비우고 떠나기

그물에
걸리지 않는
바람처럼

비우고
떠나기

청운 지음

불교시대사
1% 나눔의 기쁨

머리말

중생병衆生病에 걸려있는 범부들에게 병을 낫게 하기 위하여 부처님께서 팔만사천 법문으로 치유법을 설하셨고, 달마 선사께서 동토에 오셔서 '직지인심 견성성불'로 마음을 가르쳐 부처를 이룬다 하시며, '심心' 자로 요약하시어 약藥을 주신 지 오래되었으나, 중생들의 근기根機가 약해 아직까지 번뇌망상煩惱妄想을 주인삼아 중생계를 벗어나지 못하고 있다.

그렇다면 왜 중생이라 하는가? 육신과 의식활동을 자기 본체라고 보며, 바깥 경계를 분별하여 대상에 끄달림을 당하고 있기 때문이다.

또 중생은 삶을 좋아하고 죽음을 싫어하며 그것이 꿈이며 헛것이며 거짓이라는 사실을 모른다. 또한 중생은 생生과 사死를 둘로 보는데, 육안肉眼으로는 육신肉身밖에 못 보기 때문이다.

그러나 지인智人은 법안法眼으로 법신을 볼 수 있기 때문에 하나로 본다.

마치 물 위에 거품이 일어나고 사라지는 것 같아서 바람에 따라 그 물결이 모습을 나툼이 생生이요 멸함이 사死인 것이다. 즉 거품은 물을 떠나지 않고 인연을 따라 나타남이 자재로울 따름이니 물과 거품은 둘이면서 둘이 아님과 같이 생사生死 또한 이와 같다.

또한 선善과 불선不善을 둘로 보는 것도 허공을 둘로 쪼개려는 어리석은 자의 소견에 지나지 않는 것이다.

왜냐하면 일법一法인 그 당처當處가 소리라면 이법二法인 그 용처用處는 메아리와 같으며, 일법인 그 당처가 체형體形이라면 용처는 그림자와 같은 것이기 때문이다.

진여불성인 본지풍광本地風光이란 모든 번뇌가 사라진 고요한 성품인 자신의 본바탕(本地)에서 저절로 흘러넘치는 온갖 지혜작용(風光)을 말하고, 본래면목 역시 사람마다 누구나 가지고 있는 우리의 참 얼굴인데, 이러한 경지는 의식과 사량 계교와 같은 식정識情으로는 알 수 없는 것이다.

그래서 깨달음의 지혜가 있어야 대해탈의 삶을 누릴 수 있는 것인데, 대혜 선사는 분별심인 식정을 따르지 않고 깨달음을 이룬 자리에서 본지풍광을 드러내는 적극적인 방법으로 화두를 제시하여 반야지혜광명을 살려 작용하게 한 것이다.

그리하여 누구나 본성을 보게 되면 망상이 곧 깨달음의 지혜가 되고, 망상과 지혜는 파도가 곧 바닷물이듯이 둘이 아님을 증득하게 되는 것이다.

이번 출간되는 『그물에 걸리지 않는 바람처럼 비우고 떠나기』에서 "이뭣고"는 중생의 중병重病을 고치기 위한 단방약으로 금생성불은 물론 욕계의 삶속에서 대변혁을 이루고, 집착과 애착을 비워 생사없는 높은 차원의 세계로 가기 위한 수행방법이다.

소승의 은사恩師이신 충남 대둔산 태고사 도천당 도천 대선사 (1910-2011)께서 주신, "이 몸뚱이 끌고 다니는 이것이 무엇인고?" "이뭣고" 화두를 탐구한 지도 어언 수십 년이 흘렀다.

약인구병출금병藥因求病出今瓶
불인신심현신통佛因信心現神通

약은 병을 고치기 위하여 병에서 나오는 것이며
부처님은 신심이 있는 자에게 신통을 보이신다.

처방전이 아무리 좋아도 병자에게는 바로 먹고 치유가 될 수 있는 명약이 필요한 것이며, 또한 내가 본래 부처라는 신심信心이 바로 서야 기복祈福에서 벗어나 내 안의 마구니를 조복調伏시키고 당당히 대도大道를 이룰 수 있는 것이다.

일출동천홍日出東天紅

일락서천홍日落西天紅
일구탄동서一口吞東西
심홍자조삼천心紅自照三千

아침 해 동쪽 하늘에 붉게 뜨고
저녁 해 서쪽에 붉게 지는데
한입에 동서를 삼켜버리니
원각圓覺의 붉은 지혜광명이 스스로 삼천대천세계를 비추고 있
네. 억!

경오년庚午年 칠월七月 청운靑雲

차례

머리말

1장 하늘 거울에 비친 내 모습

2장 오직 모르고 모를 뿐이다

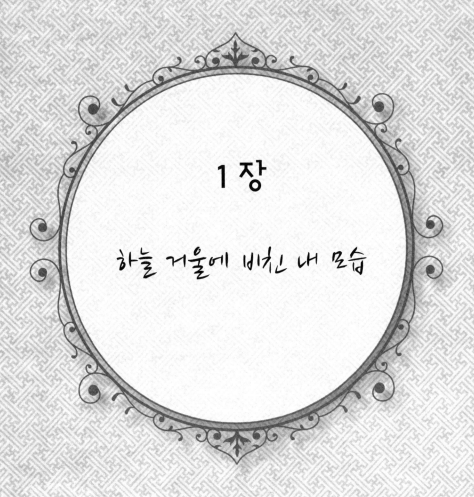

1장

하늘 거울에 비친 내 모습

그물에 걸리지 않는 바람처럼 비우고 떠나기

아유일포대我有一布袋

허공무가애虛空無掛碍

전개편시방展開遍十方

입시관자재入時觀自在

나에게 한 포대가 있으니

허공처럼 걸림이 없구나

펼쳐 놓으면 시방에 두루하고

들어갈 적에는 일체를 다 받아들인다.

　이와 같이 우리가 집착과 애증의 사슬에서 벗어나 그물에 걸리지 않는 바람과 같이 텅 비우고 비워 겉 욕심으로 바라는 데서 오는 일체 고苦에서 자유로워지면 본래자리인 진공眞空에 이르러 자유자재自由自在한 우주와 하나가 되는 것이다.

일종위배본심왕一從違背本心王

기입삼도역사생幾入三道歷四生

금일세척번뇌염今日洗滌煩惱染

수연의구자환향隨緣依舊自還鄉

한번 본래 청정한 본심왕을 배반한 이후로

몇 번이나 삼도에 드나들며 사생(胎卵濕化)에 들락거렸는가

오늘 번뇌의 때를 씻어버리고

선연 따라 옛길을 의지하여 스스로 본심의 고향으로 돌아가라.

다음은 나옹 선사(懶翁禪師) 게송에 나오는 구절이다.

청산혜요아이무어青山兮要我以無語

창공혜요아이무구蒼空兮要我以無垢

료무애이무증혜聊無愛而無憎兮

료무노이무석혜聊無怒而無惜兮

여수여풍이아종如水如風而我終

청산은 나를 보고 말없이 살라하고

창공은 나를 보고 티없이 살라하네

사랑도 벗어놓고 미움도 벗어놓고

성냄도 벗어놓고 탐욕도 벗어놓고

물같이 바람같이 살다가 가라하네.

마음속 깊은 곳, 과거의 어두운 면에서 나오는 불행하고 실망스러웠던 일들을 지워버리지 못하고 계속 이어가는 사람들은 앞으로도 비슷한 일들이 찾아와 달라고 기도하는 것이다.

그러나 의도적으로 새로운 희망에 찬, 진취적이고 긍정적인 푸른 꿈을 설계한다면, 내 안의 자력은 성공적으로 그것을 끌어들이게 되어 있고, 우리가 개개인의 습관이나 고정 관념적인 틀에서 벗어나 "이뭣고"로 내 안의 반야지혜를 활용하고, 매사에 깨어 있는 시간을 갖는 것은, 비우는 수행이 되어 이 우주는 우리가 누리기에 풍족한 자원으로 꽉 차 있기에, 원하는 만큼 우리의 뜻에 따라 무엇이든 쓰게 되어 있는 것이며, 가득 찬 무거운 짐들로부터 가볍게 벗어나게 되는 것이다.

우리는 이 한생각이 무명이 되어 본 고향을 떠나 육도를 헤매다가 욕계인 사바세계에 욕심을 비우는 수행을 하기 위하여 오게 된 것이나, 중생들은 반대로 더 채우는 데 혈안이 되어 귀중한 한 생을 소비하고 있는 것이다.

그러나 "설사 금은보배가 북두칠성보다 높이 쌓여 있더라도 수명이 다할 때는 하나의 꿈속일 뿐이다." 하였으니, 이것은 잠속의 꿈이 아니라, 현실 속에서 눈을 뜨고 꿈을 꾸고 있다는 것을 깨닫지 못하고 임종에 이르러서야 모든 집착이 한바탕 꿈이었다는 것을 느낀다면, 이제까지 쌓아두었던 탐욕과 원결怨結의 무게에 짓눌려 마음대로 더 높은 세계로 훨훨 날 수가 없게 되는 것이다.

그렇다면 사람들은 자기가 가야 할 다음 세상을 알고 갔는가?

"집착하면 법도法道를 잃어버려 반드시 삿된 길에 들어가고, 놓고 비우면 저절로 자체가 가고 머무름이 없는 바로 이 자리가 극락인 것이다."

어떻게 그물에 걸리지 않는 바람처럼 비울 수 있겠는가?

"이 몸뚱이 끌고 다니는 이것이 무엇인고?"

"이뭣고."

아미타불 阿彌陀佛

여러분들이 본래불本來佛인 아미타불입니다.

부처님께서 설하신 팔만사천경을 요약한 것이 『금강반야바라밀경金剛般若波羅蜜經』이고, 그 다음이 『마하반야바라밀다심경摩訶般若波羅蜜多心經』이며, 또 나무아미타불의 여섯 자로, 마지막으로 '마음 심心' 자 하나로 귀결된다.

그래서 부처님께서는 "실상계實相界인 정신세계와 현실계現實界인 우주 법계를 드러내는 창조주가, 일체유심조一切唯心造라, 모두가 우리 마음의 지음이다."라 하셨다.

아미타부처님은 극락세계의 교주이실 뿐 아니라 법신法身·보신報身·화신化身의 삼신을 겸하신 삼세 일체불의 본체로서, 그 영원한 생명과 자비 위주로 할 때는 무량수불無量壽佛이요, 지혜 공덕을 위주로 할 때는 무량광불無量光佛이며, 대자대비를 위주로 할 경우에는 관세음보살이시다.

여러 경전에는 수없이 많은 부처님의 명호가 나오지만, 일불一佛이 만불萬佛이라, 필경 아미타불인 동일한 부처님의 교화敎化의 인연에 따른 공덕의 대명사인 것이다.

『정토삼부경淨土三部經』에는 "구원겁 전에 법장보살이 사십팔원四十八願을 세워 영겁의 오랜 수행을 쌓고 십겁 전에 성불하여 현재 서방 극락세계에서 상주설법常住說法하고 계신 부처님이 아미타부처이시다."라 하였다.

그래서 삼신三身인 원만보신 노사나불은 수행의 과果로 이루신 아미타부처님이신데 법신·보신·화신은 일불一佛로서, 시방 삼세의 우주법계에 항상 충만해 있는 대생명大生命의 광명이 법신불法身佛이며, 그 속에 들어 있는 자비와 지혜·행복·무한능력 등이 보신불이며, 이 법신과 보신을 근원으로 해서 이루어지는 현상계 전체가 화신불이다.

태양에 비유할 때, 태양 전체는 청정법신불에 해당하고, 태양의 광명은 보신불에, 태양 빛의 그림자는 화신불에 해당된다.

또한 청정법신불은 모양이 없이 텅 비어 있고, 우주법계에 충만해 있는 순수한 생명 자체이기 때문에 진공眞空이라 하는데, 아미타불의 타陀에, 그리고 원만보신 노사나불은 그 법신불과 함께 하고 있는 자비·지혜·복덕·행복 등의 성품을 말하며 아미타의 미彌이다.

그리고 천백억화신 석가모니불은 우주법계의 모든 현상계인 상相을 말하고 아미타불의 아阿이다.

우리가 '나무아미타불'이라고 염불할 때는 참생명의 뿌리인 우리의 마음자리에 귀의한다는 뜻이고, '나무' '나무' 하는 것은 하늘에 낀 망상의 구름을 벗기어 본래 푸른 하늘이 나오게 하는 것이다.

선종禪宗과 화엄종華嚴宗에서는 자성미타自性彌陀라, 진아眞我인 내 안의 부처인 자성불自性佛이 아미타불이고, 유심정토唯心淨土라. 10만억 국토를 지나 150억 광년을 가야하는 곳이 아닌 한 발짝도 떼지 않고 오를 수 있는 내 마음이 극락세계라 하였다.

우주는 수백억 광년을 갈 수 있는 거리로 벌어져 있지만, 이 세상에서 가장 빠른 것은 광속보다 빠른 반야지혜인데, 간격이 없기에 수천억만 거리에 있다고 해도 한생각 속 반야지혜에서 이루어지기 때문에 찰나에 갈 수 있고 통할 수 있는 것이다.

『육조단경六祖壇經』에 혜능 스님께서 '자심귀의자성自心歸依自性 시귀의진불是歸依眞佛'이라, "자기의 마음이 자기 자성에 귀의하면 이것이 곧 진불眞佛에 귀의하는 것이다." 하였다.

우리가 수행하여 망상만 여의면 그대로 아미타불이다.

주인공主人公으로 살아라

대주혜해 선사가 처음으로 마조에게 참배하러 가자 마조가 물었다.

"어디에서 왔는가?"

선사가 대답하였다.

"월주위 대운사에서 왔습니다."

"무엇하러 이곳까지 왔는가?"

"불법을 구하러 왔습니다."

"자기 집에 있는 보물 창고는 돌보지 않고 내팽개쳐 놓고 도대체 무엇을 구하겠는가?"

이는 큰 부자가 자기 집 창고에 금은보화를 산더미처럼 쌓아 놓고 바가지를 들고 밖으로 구걸하는 거지 행세를 하는 것과 같다는 뜻이다.

"어떤 것이 제 집에 있는 보물 창고입니까?"

"지금 나에게 묻고 있는 그대가 바로 보물 창고이다. 거기에는 모든 것이 다 갖추어져 조금도 모자라지 않고 마음껏 쓸 수 있는데, 어찌하여 밖으로만 그것을 구하려 하는가?"

대주 선사는 마조의 말을 듣는 순간 스스로 본래 마음을 깨달아 뛸 듯이 기뻐하며 마조에게 큰 절을 올렸다.

부처님께서 룸비니 동산에서 태어나신 후 일곱 걸음을 걸으시고 말씀하셨다.

천상천하유아독존天上天下唯我獨尊
삼계개고아당안지三界皆苦我當安之

인간 몸 받아 이 세상에 강림하니 천상천하에 오직 존귀하도다.
삼계(욕계 · 색계 · 무색계)의 모든 고통으로부터 벗어나게 하겠다.

'일체중생一切衆生 실유불성悉有佛性'이라. "모든 중생이 다 불성을 가지고 있다."고 하셨다. 이 말씀은 산하대지 유무정有無情의 준동함령蠢動含靈이 개유불성皆有佛性이라. 영이 있는 생물과 유정 · 무정의 모든 물체가 모두 불佛이며 일심一心에 다 들어 있다는 것이다.

즉 『화엄경華嚴經』에서 말하는 "우주 법계의 진여眞如와 하나를 이루는 불이不二가 수행의 과果인 중도中道인 부처이다."라고 하여 우리가 본래불本來佛임을 강조하신 것이다.

그런데 우리가 부처는 부처인데 탐진치 삼독심의 혹惑이 달린 부처이기 때문에 이것을 비우고 본래 내 자리로 가기 위해 수행이 필요한 것이다.

보리자성菩提自性 본래청정本來淸淨
단용차심但用此心 직료성불直了成佛

깨친 보리 자성은
본래 청정하니
다만 이 마음을 그대로 쓰고 살면
그것이 부처이니라.

육조 스님의 말씀이다. 즉 본래 깨쳐 있는 묘각妙覺인 진여불성은 청정하니 내가 본래 부처라는 굳은 믿음을 가지고 생활 속에서 깨친 자성(本覺)인 부처님의 지혜를 그대로 굴려쓰면, 그것이 부처행이라는 말씀이다.

불법은 관념과 의식으로 존재하는 것이 아니라 불지佛智를 작용하는 데 있으며, 수행이란 한 순간이라도 부처의 지혜작용을 끊어지지 않게 하는 것이 진정한 반야바라밀행이다.

우리가 기도 중이나 삶 속에서 부처와 내가 하나 되어 빈 맷돌만 갈지 않는다면 내 안의 자성불自性佛이 실지실견悉知悉見이라. 내가 원하는 것을 다 알고 보고 있기 때문에 자동적으로 응해 주게 되어 있는데, '범우불료자성凡愚不了自性 불식신중정토不識身中淨土 원동원서願東願西'라. 범부는 무지해서 자기의 성품을 모르기 때문에 자기 몸 속에 있는 극락정토를 모르고 동쪽이나 서쪽으로 헤매며 찾고 다니고 있다는 것이다.

그러나 자성自性 밖에 진리가 없고 부처가 따로 없으니 찾으면 잃게 되고 구하면 발 딛지 않고 이르는 정토를 10만억 국토를 지나 150억 광년을 가야 하는 머나먼 곳으로 멀어지게 된다.

묘각妙覺의 빛

　지대地大의 성질을 관찰하여 보면, 큰 것은 대지大地이고 작은 것은 미세한 먼지가 된다. 극미極微의 단위인 인허진隣虛塵(素粒子)에 이르면 저 지극히 미세한 색소의 끝, 갓 변의 모양을 색변제상色邊際相(分子)이라고 하고, 그 분자를 7분으로 쪼개어서 된 것을 허공의 비늘이라 해서 인허진이라 한다. 그것을 다시 쪼개면 진공眞空이 되는 것이다.

　성품性品이 물질이면서 진공眞空인 것과, 성품이 공空이면서 물질物質인 것, 『반야심경』의 "색즉시공色卽是空 공즉시색空卽是色"과 같다.

　이와 같이 세존께서 진묘각眞妙覺의 진공을 밝혀 진공 속에서 영성靈性과 물성物性의 소립자가 나온다는 사실을 분명히 하셨다.

　현대과학에서 밝혀낸 광자光子(빛) 크기는 1cm의 100억조 분의 1이며, 빛의 속도는 1초당 35만km로 지구를 7바퀴 반을 돌 수 있는 속도이다.

　부처님께서는 가장 작은 소립자를 인허진隣虛塵으로 찰나의 속도를 마하로 자세히 설하셨는데, 다음 생生을 이어받는 영식靈識 또한 이와 같이 빠르며 미세하다.

이러한 중생의 씨앗이 어떻게 설계設計(Design)되어 어머니의 수정란 속에서 10개월을 자라나면 인간의 형태가 되는지, 신비스러울 뿐 모르고 또 모를 뿐이다.

청정묘각의 여래장如來藏 가운데는 진묘각의 진공眞空과 진성眞性이 시방세계에 두루해 있으면서, 그것이 중생의 마음을 따라서 고요하면 무변 허공계가 되고, 동하여 움직이면 세계世界가 되고 부처도 육도중생도 되며, 인식하는 만큼의 양을 따라서 여러 가지로 변화하는 것이다.

불(火)을 예로 설명하자면, 청정묘각의 여래장 가운데 성품이 불이면서 진공인 불과 성품이 공이면서 불인 성품이, 청정한 본래 그대로 우주에 두루 편재하였는데, 그것이 중생의 마음을 따르고 그 아는 바 감량에 따라 불이 응하는 것이다.

바람(風) 또한 같으며 한 사람이 옷을 펄럭이면 가벼운 바람이 나고, 온 법계에서 펄럭이면 온 법계에서 바람이 나는 것인데, 이것은 필경 바람을 나게 하는 행위(業)를 따라서 나타나는 것이며, 물(水), 흙(土)도 이와 같은 것이다.

다만 중생들은 생각마다 일어났다 소멸하는 분별망상의 식심識心을 가지고 그것을 나 자신인 줄로 착각하고 항상 환히 드러내 보이는 참성품인 본성을 잃고, 망상妄想을 끊임없이 따라다니는 뒤바뀐 짓을 하면서 살고 있는 것이다.

본래로 만법萬法을 환히 드러내 보이는 무동無動의 자기의 참성품을 밝히는데 가장 수승하고 빠른 방법은 마음속에, "이뭣고" 화두話頭를 가지고 놓지 않고 생활하는 것이다.

건강과 부와 명예를 포기하거나 떠나서가 아닌 그 근본자리인 성품性品이 자기 마음인 줄 알고 믿으면, 화두가 언제 어느 곳에서 무슨 일을 하든지 한결같은 마음으로 살아 있게 되는 것이다.

이러한 신심信心으로 부지런히 "이뭣고"를 들어 영원히 변함없는 자기의 참지혜를 밝힌다면 자기는 물론 세상의 어두운 그림자를 벗기어 대광명大光明만이 항상할 것이다.

불법佛法의 생명은 종일 떡 이야기만 하는 언어 문자에 있지 않고 직접 떡을 먹어 굶주림을 면하게 하는 반야지혜를 바로 쓰는 데 있다.

영국의 유명한 극작가 조지 버나드 쇼(George Bernard Shaw, 1856-1950)는 일생에 노벨상 수상의 영광과 향년 95세의 장수를 누렸는데, 그가 묘비에 남긴 짤막한 내용이다.

"여기저기 엄벙덤벙 실컷 허송세월하다가 내가 이럴 줄 알았지(I knew if l stayed around long enough, something like this would happen)."

이와 같이 찰나찰나 마음 밖의 좋고 나쁜 경계를 좇아서 아무리 잘 살았다 해도 결국엔 허망하고 후회스러운 한탄밖에 남는 것이 없는 것이다.

나의 삶 나의 길

항상 타인에게 괜찮은 사람이어야 하는가?

껍데기 뒤에 숨겨진 당신의 진짜 모습은 무엇인가?

당신이 느끼고 있는 모든 고통은 당신이 갖고 싶다고 느낀 바로 그것에 있는 것이다.

타자의 욕망(desire of alterity)을 버리면 주체의 욕망(desire of subject)의 내 삶을 살게 되는데, 현재 나는 남의 욕망에 덫을 쓰고 삶을 살고 있지는 않은가?

타인과 세상으로부터 인정받겠다는 욕망을 버리지 못하고 있지는 않은가?

우리 삶이 고통스러운 것은 대체로 현실에서 가진 것보다 더 많은 것에 대한 욕망의 무게가 더 무겁기 때문인데, 이것을 덜어내는 지혜와 용기가 우리의 삶을 보다 윤택하고 평화롭게 만드는 것이고, 자기 스스로 검증하는 지혜가 참나를 만들게 되는 계기契機가 되는 것이며, 이 세상에서 가장 행복한 사람은 자기가 하는 일에 귀천을 따지지 않고, 가치관을 가지고 열정을 아낌없이 투자하여 성공이라는 이름으로 보답 받는 자들이다.

어머니들의 자화상을 예로 들어보자.

가정에서 자신의 역할을 통하여 또는 타인에게 자신의 영향력을 행사함으로써 존재감을 확인하는 경우인데, 이 욕구가 강하면 아이들을 발가벗겨 집안에 가두어 두고 사육하듯이 키우게 되고, 그렇게 되면 그 아이들은 애완견 같은 존재가 되어 자기 주관과 타고난 재능과는 멀어지는 타인의 삶을 살게 되는 것이다. 이들이 자기의 자질을 회복하는 시기는 어머니의 지배를 벗어난 후가 되니 그 기간 동안에는 어머니의 삶이 된 것이다.

자기애적 성격 성향을 가진 사람의 특징은 세상에서 자기가 가장 올바르고 똑똑하다고 믿는다. 자기가 옳다는 확신이 강해서 매우 저돌적이기 때문이고, 문제의 잘못을 타인에게 교묘하게 돌려버리는 능력도 있다.

그렇지만 이들 마음속에는 언제나 불안이 도사리고 있고, 자기를 사랑할 수 없는 자신으로부터 벗어나기 위해 몸부림치는 사람들이며, 죽음에 대한 불안이나 공포심도 강하다.

누구인가 자기를 끊임없이 평가하고 있다고 생각하며 타인에게 잘 보이려고 거기에 초점을 맞추니 자기의 주관이 상실되고, 타자의 욕망과 주체의 욕망을 구분할 줄 모르며, 주변 사람들로부터 외면당하는 것이 가장 두려운 것이다.

그래서 이들 상당수가 정신장애(mental disorder)로 분리되는데, 결국에는 이것이 무서운 신경증적불안(neurotic anxiety)이 되는 것이다.

또한 우리는 쓸데없는 허망한 것을 붙잡기 위해 비울 수 없는 인생을 살아가고 있는 경우가 있다. 그렇게 되면 문제는 상대성이기 때문에 언제나 내적으로는 외로움과 계속적인 투쟁을 하고 있는 것이다.

성공을 위한 자기 기준이 확립되지 않고, 욕망도 내 것이 아니고 성공의 잣대 또한 내 것이 아닌 사람들에게는 삶 자체가 환상을 넘어 허상이 아닐 수 없는 것이다.

이러한 사람들에게 심리학적으로 문제를 해결하는 가장 좋은 방법은 자기 의지로 문제를 '푸는' 것이 아니라 '없애'는 것이다.

자신을 인정하기 위한 과정은 타인의 확인이 필요 없는 오로지 스스로에 대한 약속과 기준을 이행한 결과에 따른 것이어야 한다.

내게 없는 것을 채워주는 사람은 타인이 아니라 나 자신이기 때문이다.

이미 가진 것에 만족하지 못하고, 못 가진 것에 대한 더 채우려는 욕망으로 수십 년간 어렵게 쌓아 올린 것까지 망치고 후회하는 미련한 사람이 되지 말자.

소욕지족少欲知足이란 작은 것에 만족하라는 뜻이 아니다. 겉욕심을 부리지 말라는 뜻이다.

또한 누가 당신에게 어떻게 한다고 하여 거기에 마음이 끌려 다니지 않는다면 자기의 주체적인 삶으로 이어지게 되며, 꿋꿋이 나의 길을 가는 자가 되는 것이다.

우리 불교에서 하근기下根氣는 자기의 허물은 뒤로하고 만나는 장소에 따라 남을 헐뜯고 비방하는 자들이고, 중근기中根氣는 자기 중심의 행복보다는 남과 비교해서 만족을 구하기 때문에 언제나 더 채우려고 허공을 헤매는 자들이고, 상근기上根氣는 자기 허물에 대해서 성찰하고 불법에 귀의하여 모든 번뇌를 소멸하고 부처를 이루려고 노력하는 자들이다.

습관習慣 길들이기

우주宇宙에 펼쳐져 있는 청정법신인 불성佛性이 내 가죽 포대 안에서 숨 쉬는 것을 생명이라 하는데, 그것을 반야지혜 작용이라 한다.

그대로 쓰면 부처인데, 수억 겁 전부터 이어진 업식에 취해 전생에 하던 습習대로 살기 때문에 그것이 성격性格으로 고정되고 근기에 따라 인격人格이 형성되는 것이다.

그래서 금생今生에 하는 짓을 보면 전생을 알 수 있다고 하는 것인데, 따라서 금생에 성질이 포악하면 그것이 성격으로 굳어져 내생에 그대로 사나운 짐승의 몸을 받게 되는 것이고, 만약 개로 태어나면 인간의 습이 남아 있어 사람을 보면 말을 하고 싶은데 아무리 짖어야 개소리라. 사람들이 알아듣지 못하고 발로 차버리니 그것이 답답한 지옥인 것이다.

평소에도 입에 담을 수 없는 욕설과 같은 부정적인 말이나 칭찬과 같은 긍정적인 말(言語)은 그대로 현실로 나타나게 된다.

"나는 왜 이렇게 되는 일이 없어!" 하면 그렇게 되고, 무엇이든

하면 된다는 신념信念으로 노력하면 이루어지게 되어 있다. 말은 마음에서 나오기 때문에 그것이 씨가 되어 자기의 마음에 그대로 뿌려지게 되며 동시에 싹이 터 자라게 되고 말대로 되는 것이다.

예로 두 개의 화분에 똑같은 화초를 놓고, 한쪽은 사랑스런 말로 기氣를 살려주면 탐스럽고 향기롭게 자라고, 다른 쪽은 반대로 기를 죽이는 마음을 주게 되면 정반대의 현상이 나타난다.

그래서 인생에 있어서도 성공은 평소에 어떻게 습관을 길들이고 방향을 설정하느냐에 따른 자기와의 타협인 것이고, 인생의 무상無常을 느끼며 자기 자신을 꾸준히 혁신함으로써 새로운 가치관價値觀이 형성되는 것이다.

생활 속에서 일어나는 초조 불안 성냄 혐오감 등, 그 근본 원인이 무엇인지를 살펴 알아차리고, 매사를 긍정적이고 희망적인 쪽으로 "이뭣고"로 지혜롭게 푼다면 무엇이든지 해결할 수 있는 답이 나오지만, 부정적인 시각으로 상대방 탓으로 돌리고, 술이나 자학적인 방법으로 길들이게 되면 헤어나지 못하는 패배의 중독자中毒者가 되고 마는 것이다.

수행이라는 것은 순간순간 괴로움의 원인을 알아차리고, 늘 깨어있어서 인과를 예측하며 "이뭣고"로 전생으로부터 지어온 묵은 업장을 녹이면서 정심正心에서 나오는 정념正念으로 바른 습관을 쌓아가는 긴 과정이다.

올림픽에서도 금메달을 목에 걸기까지에는 평생을 오직 한길로 피나는 노력과 함께 한 의지의 결과인 것이다.

신념은 인간의 정신과 우주의 무한한 지혜 사이를 연결해 주는 것으로 소위 기적이라는 것, 즉 논리나 과학으로 설명할 수 없는 수많은 신비의 근원이고, 또한 평범한 사고의 에너지를 영적靈的 수준으로 변화시켜 주는 절대적인 반야지혜의 작용인 것이다.

수많은 나 속의 참나

"나는 이제 세상이 달리 보여."라고 말할 때 우리는 '나'라는 개념을 하나의 단일한 존재存在, 고정된 내적 '얼굴'인 것처럼 단언한다. 마치 그 얼굴을 통해 우리가 세상을 바라보고 있다는 듯이. 그러나 그것은 매우 미묘한 착각이다.

다른 사람들과의 관계에서 자신의 다른 면을 내보이며, 상황과 조건의 변화들이나 새로운 생각과 경험에 반응해 일련의 새로운 태도와 감정을 만들어 내는 '나'가 있다. 부모, 동료, 친구 등 사회의 구성원으로서 수많은 '나'가 존재하는데, 그 속에서 우리는 마치 보호해야 할 '나'라도 있는 것처럼 고통을 피하고 안정을 추구하고, 마음속에 고통과 불안이 일어나면 그것으로부터 탈출하려고 노력한다.

아무리 자신의 반응들을 관찰해 보아도 '나'라는 존재가 실재로 무엇인가에 대한 분명한 실체를 파악하는 것은 불가능한 것이다.

그래서 알아차린다는 것은 수시로 일어나는 생각과 감정, 기분 등이 오가는 것을 지켜봄으로써, 이것이 일시적으로 머물렀다가 사라지는 환상이며, '나'가 고정불변하고 개별적이며 독립적인 존재라는 착각으로부터 자유로워지는 것이다.

또한 자신의 두려움, 분노, 혐오 등을 분명하게 바라볼 때 상대도 똑같은 상황에 처할 수 있다는 것을 인식하는 것이 지혜이며, 그것은 깨어있는 마음속에서 다른 사람들과 하나로 연결되어 있음을 자각하는 것이 치유 가능한 참나의 자비심慈悲心이 작용하는 것이다.

"다만 마음으로 분별分別, 계교計巧하는 것이 있으면 마음에 나타난 것이 모두 다 꿈이다."라고 하였으니, 만약 심식心識이 적멸寂滅해서 분별을 초월한, 어느 것에도 집착하지 않으면 이것을 깨달음(正覺)의 경지라 한다.

『반야심경』은 "이 세상의 모든 것은 공空(無我)이며, 이 세상에 변하지 않는 존재, 영원불멸한 것은 어디에도 없다."라고 말한다. 그러나 우리는 이렇게 실체가 없는 마음에 날마다 휘둘려서 일희일비一喜一悲하고 있는 것이다.

무상無常한 인연 따라 천태만상으로 천변만화하는 실체 없는 연기적 존재(假有·幻有)를 '나'라는 실체로 착각하여 경계를 지으며 살아가고 있으니 필연적으로 따르게 되는 것이 우비고뇌憂悲苦惱와 노사老死이다.

'나'라고 생각하고 있는 본래 모습을 밝혀 놓고 보면 나(能)니, 너(所)니 하는 분별이 본래부터 허공에 줄긋기와 같은 허망한 것일 뿐, 일체가 잠시 인연 따라 머물다 소멸해 버리는 참 성품의 현현

顯現일 뿐이다.

결국 이 굴레에서 벗어나면 괴로움의 원인이 사라지고, 영원한 평안에 이르게 되고, 한심한 자신과 그렇지 않는 자신을 분리한 벽을 무너뜨려 하나가 됨으로써 반야지혜를 굴려 쓰게 되는 것이다.

전도몽상顚倒夢想이란 사리사욕에 사로잡혀 판단을 잘못하고, 망상妄想 투성이 뿐인 '나'를 말하며, 반대로 허상虛相이 진상眞相을 부리는 것을 말한다.

이 전도된 식識놀음을 하고 있는 '나'를 부처님의 지혜로 완전히 전환시킨 것을 원각圓覺이라 하고 참나(眞我)라 한다.

내 살림살이

현대 사회는 수많은 정보와 지식들이 넘쳐흐르고 있으나, 자기 스스로 삶의 고민을 풀 수 있는 지혜를 쓸 수 있는 방법을 모르고 허둥대며, 일생을 남의 살림살이만 하다가 다음 생 받을 준비의 시기를 놓치고 귀중한 시간을 헛되이 보내는 사람들이 얼마나 많은가?

집에 혼자 있을 때는 온갖 망상에 시달리다가, 밖에 나가 모이면 세상 돌아가는 이야기부터 친구, 시어머니, 며느리에 대한 이야기와, 남의 흉보기, 자식과 남편 자랑, 가진 돈 자랑하며 수다를 떨다 하루를 소비하지 않았는가?

내 이익을 위하여 남을 가슴 아프게 하지 않았는가? 대화 속에서 자기 우월감에 상대방을 무시하고 내 잘난 체하지 않았는가? 내 이야기만 하고 남의 이야기는 무시하지 않았는가?

목표를 세웠으면 포기하지 않고 끝까지 최선을 다했는가? 내 삶을 사는 데, 지금 나에게 가장 소중하고 가치 있는 일이 무엇이라고 생각하는가? 지금 하고 있는 일이 행복하고 즐거운가?

금생에 나의 역할과 소임을 다하고 있다고 생각하는가? 오늘 하루, 나의 일과표를 제대로 수행했는가? 매사에 감사했는가?

매일 관찰하고 또 내 허물을 살펴보며 상대에 대한 이해의 폭을 넓혀가는 것이 큰 수행인 것이다.

우리 모든 존재는 연기적으로 하나로 연결되어 있는데, 둘로 보는 데서 오는 감각적인 나만의 이기적인 기쁨은 결국 착각속의 일시적인 환영일 뿐이다.

육바라밀을 성취한 대승보살의 한량없는 중생을 제도하기 위한 사무량심四無量心이 있다.

자慈: 남을 기쁘게 해 주려는 마음
비悲: 남의 아픔을 없애 주려는 마음
희喜: 남의 기쁨을 함께 하는 마음
사捨: 모든 이에게 평등한 마음을 가지는 마음이다.

더욱더 낮추고 비워 집착에서 벗어나야 사무량심을 행할 수 있는 보살이 되는 것이다.

한 박자 쉬기

진시심중화瞋是心中火
능소공덕림能燒功德林

성을 냄은 마음속에 불꽃이라
공덕의 숲을 불태우느니라.

참을 수 없는 것을 참는 것이 인욕이다. 수행이란 우리 모두의 마음의 밭(心田)에 무영수無影樹 나무의 씨를 뿌려 가꾸고 꽃을 피워 열매를 얻어 맛을 보는 것이다. 이 무영수는 실체가 없기 때문에 그림자가 없지만 성불이라는 열매를 맺게 한다.

진심瞋心을 내면 귀중한 심산心山의 공덕림功德林(숲)을 태워버려 언제나 마음 병病과 신병身病에 시달림은 물론 생활도 빈궁하게 되고 공덕의 씨를 말려 성불과는 멀어지게 되는 것이다.

무착문희 선사가 3년여 동안 정성을 다하여 일보일배一步一拜하면서 문수보살을 친견하려고 오대산 금강굴에 당도하였으나, 자기

가 천하제일이라는 아상我相에 빠져 있던 무착 선사에게 균재동자가
던진 '전삼삼前三三 후삼삼後三三'이라는 화두에는 깜깜한 밤중이었다.

이에 온갖 수모를 당하자 진심瞋心이 일어난 무착에게 균재동자
가 들려 준 게송이다.

면상무진공양구面上無瞋供養具

구리무진토묘향口裏無瞋吐妙香

심리무진시진보心裏無瞋是珍寶

무염무구시진상無染無垢是眞常

미소 짓는 그 얼굴이 한량없는 공양구요

부드러운 말 한마디가 미묘한 향이로다

자비롭고 착한 마음이 가장 진귀한 보배이며

분별시비마저 없어지면 그게 바로 부처이다.

삶 속에서도 한 박자 쉬지 못해서 몇 십 년을 법의 심판을 받고
길게 후회하는 사람들이 얼마나 많은가?

모든 분노는 어리석은 가아假我에 뿌리를 둔 강한 집착에서 오게
되는데, 화가 날 때 언제나 "이것이 어디에서 왔는고?" "이뭣고"
로 바로 들어가 그 뿌리를 소멸시킴으로써 마음에 평안이 오는 것
이나, 반대로 화가 치밀어 오를 때 순간적으로 알아차리지 못하면,
그 화의 노예가 되어 화가 나를 끌고 다니면서, 온갖 욕설과 때리

고, 부수고, 미치광이가 되게 하여, 풀 수 없는 원결로 이어지게 하는 것이다.

기적 또한 바라거나 기다린다고 오는 것이 아니며, 하늘에서 갑자기 뚝 떨어지는 것도 아니다. 그리고 누가 보내주는 선물도 아니다. 그것은 어제와 다른 오늘, 오늘과 다른 또 내일을 만들어 가며 이루어내는 땀과 노력 그리고 인내의 열매이며 스스로 만들어내는 창조물이다.

어느 분야에서든 그것을 자기 것으로 만들려고 큰 뜻을 품은 자에게 인생에서 그 기적을 뜨거운 가슴으로 품을 수 있는 것이다.

자아自我의 환영幻影

불교에서 말하는 진정한 신뢰는 사물의 참된 본성을 깨닫고 우리의 근본적인 특질特質, 즉 불성佛性을 자각하는 데 있고, 자아에 대한 환상을 없애는 것이다.

그것은 외부의 상황이나 내적 공포에 위협받지 않는 평화로운 힘을, 현재의 두려움을 뛰어넘는 자유를 가져다준다.

우리는 더 이상 존재하지 않는 과거와 아직 존재하지 않는 미래 사이에 "나"를 자리잡게 함으로써 의식의 흐름을 굳혀간다.

또한 무의식적으로 사물의 존재에 고유한 속성들을 부여하여 '이것은 아름답고, 저것은 추하다'고 생각한다.

세상을 바람직한 것과 아닌 것으로 나누고 덧없는 것에 영속성永續性을 부여하고, 끊임없이 변하는 그림자에 불과한 것을, 의식意識의 환영幻影을 독립적 실체로 착각하는 것이다. 아름다운 물건에는 정신에 이로운 내재적 속성이 없으며, 추한 물건 또한 정신에 해가 되는 그 무엇도 갖고 있지 않다.

즉, 물이 얼음으로 변할 때는 그 본래의 유동성을 잃다가 다시 녹으면 회복되듯이, 우리가 오늘의 적으로 인식하는 존재는 분명 다른 사람에게는 깊은 애정의 대상이 될 수 있으며, 다시 동반자가 될 수 있는 것이다.

누구에게 얼굴을 맞았다면 불쾌한 감정이 오랫동안 지속되지만, 육체적인 아픔은 금세 사라진다. 우리를 계속 아프게 하는 것은 오직 자아가 입은 마음의 상처뿐이다.

그러나 만약 우리가 자아自我를 무슨 수를 써서라도 보호하고 만족시켜야 하는 독립적 실체가 아니라 잠시 머물다가 사라져 버리는 뜬구름 같은 허망한 환영幻影이라 생각하며, 그 상처를 지워버리면 그것이 참된 수행修行이다.

우리는 언제나 매사에 염증을 느끼거나 체념하고 나가떨어지는 대신 좀더 노력하면 적게나마 성취할 수 있다는 신념을, 모든 것이 휩쓸려 가는 대로 방관하는 대신 하나라도 그 손실을 줄이려는 알뜰한 마음을, 좌절 속에서 맥없이 무너지는 대신 또 다른 대안을 찾아 희망의 끈을 놓지 않으려는 오뚝이 정신을 배워야 한다.

지나간 어제를 생각하며 분하고 억울해 하며 탄식하고 눈물을 흘리며 되새김을 하는 대신, 다시 원점에서 그 원인을 살펴보며 재기의 기회로 활용하는 슬기로운 용기勇氣를, 우유부단함과 운명론에 마비되어 버리는 대신, 긍정적 판단과 미지의 새로운 신천지를 향하여 도전하는 강한 의지를 세워 내 자성自性 안에 갖춰져 있는 무한한 잠재력을 있는 그대로 활용함으로써 반야지혜를 살려 쓰는 훌륭한 삶을 창조하는 불자가 되는 것이다.

문제를 지혜롭게 푸는 방법

우리의 삶 속에는 언제나 문제가 따르게 되어 있다. 문제란 어떤 것과 다른 것 사이의 충돌이나 갈등 때문에 발생하는 것이다. 즉 나와 남, 좋은 것과 나쁜 것 등으로 나누는 이분법적 사고가 모든 문제의 근원이 된다고 볼 수 있다.

사람은 자신의 생각을 기준으로 옳고 그름, 좋고 나쁨 등으로 구분하는데, '나'의 존재가 있음을 전제하고, 그와 반대되는 존재로서 '상대방'을 인식하기 때문이다. 그리고서 나는 옳고, 상대방은 그르다는 식으로 가치 평가를 하게 되므로 내면에 갈등이 생기게 되고, 이것이 미움으로 시작되는 계기가 된다.

사람의 마음마다 그 미움의 농도가 달라 깊은 것은 고통을 수반하며 오래가게 되는데 "이뭣고"로 그 미움의 원인을 살펴봄으로써 녹여낼 수가 있는 것이다.

『벽암록』에 남전 스님 문하의 남당, 북당 수행자들이 고양이 한 마리를 두고 서로 다투고 있으니, 스님이 고양이 목을 잡고 "한 마디 이르면 고양이를 살려 줄 것이고, 이르지 못하면 고양이 목을 베어 버릴 것이다.” 하니 아무도 말하는 이가 없으니 두 동강을 내고 말았다.

후에 조주 스님이 늦게 돌아오자 자초지종을 말하고 “그때 자네라면 어떻게 했겠는가?” 하니 조주 스님은 말없이 짚신을 벗어 머리에 이고 밖으로 나가버렸다. 이에 남전 스님이 “그 자리에 자네가 있었다면 살릴 수 있었을 텐데…” 하였다.

왜일까? 문제 자체로부터 벗어남으로써 문제를 해결할 수 있음을 보여 준 것이다.

하나는 갈등의 근원이 된 고양이를 없애 버리는 것이고, 하나는 갈등하는 수행자들이 애착을 놓고 그 자리를 떠나는 것이고, 하나는 고양이는 죄가 없으니 살리라 했다면 고양이의 목을 베지는 않았을 것이다.

사람들은 누구나 좋아하는 것에 애정을, 싫어하는 것에 미움을 가지는데 이 모두가 집착에서 오게 된다. 중생들은 물건을 보면 금방 따라가는데, 거기에는 나라는 존재는 없고 따라간 그것뿐인 것이다. 이렇게 하루 종일 바쁘게 치달리며 사물에 끄달림을 당하며 자기의 근본 마음자리를 잃어버리고 감성적인 맛에 속아 그것을 소유하려는 집착이 강해져 끊임없이 갈구하게 되니, 평생을 이 몸을 자기 것으로 착각하고 시봉하게 되어 자기 고향으로부터 점점 멀어져 가고 만다.

야구 선수가 홈런을 치겠다고 결심하고 마운드에 서면, 어깨에 힘이 들어가고, 욕심 때문에 마음에 부담이 생기고, 그것 때문에 근육이 긴장되어 땅볼만 치게 되는 것이다. 홈런을 치려면 마음을 비워 홈런에 대한 생각 자체에서 벗어나 자연스럽게 평소 연마한 대로 배트를 휘둘러야 나오게 되는 것이다.

"문제를 만들었던 때와 같은 사고로는 우리가 일으킨 문제를 해결할 수 없다(We can't solve problems by using the same kind of thinking we used when we created them)."

아인슈타인이 남긴 명언이다. 우리의 생각은 실체가 없어서 변하게 되어 있는데, 사람마다 고집불통이 되어 그것을 죽을 때까지 붙들어 놓고 불변의 자기성격自己性格이라고 착각하게 되니 문제가 되는 것이다.

'일념즉시무량겁一念卽時無量劫 무량원겁즉일념無量遠劫卽一念'이라. "한생각이 무수한 겁으로 이어지고, 그 원겁에 싸인 한생각 바꾸면 그 즉시 없어진다."는 뜻이다.

만약 사람이 한생각을 내면 500생을 머무르게 되고, 미워하는 생각을 내면 무량겁 동안 제8아뢰야식인 잠재의식 속에 싸이게 되니, 모든 원결을 녹이는 길은 "이뭣고" 하고 생각 이전의 마음자리에 돌려놓는 것뿐이다.

조련사에게 어떻게 사나운 짐승들을 길들였기에, 다른 사람에게는 으르렁거리는데 조련사만 보면 꼬리를 흔들면서 좋아하느냐고 물었다.

"저는 아무리 사나운 짐승이라도 비위를 거슬리지 않고, 제때 먹이를 정성스럽게 주고 그들을 존중해 주니 저에게 무릎을 꿇지요."

우리도 가정에서나 사회에서 이렇게 자기만의 이기적인 욕심의 무게를 가볍게 비우는 수행과 자비심으로 애정을 나눈다면, 그것이 구멍 없는 피리를 부는 것이 되고, 줄 없는 거문고를 타게 될 것이다.

 수행 자료

삶 속에서 일어나는 정사正邪, 즉 옳고 그름과 시시비비是是非非를
수행의 자료로 삼아라.

> 불법지재세간중佛法只在世間中
> 이세멱불구토각離世覓佛求兔角

불법은 우리가 살고 있는 세간 속에 있는 것이지
세속을 떠나서 불법을 찾는 것은 뿔난 토끼를 찾는 것과 같다.

『화엄경華嚴經』에서 부처님께서 설하신 말씀인데 역으로 산 속
에서 찾는 것도 이와 같다.

> 산중선정무위난山中禪定無爲難
> 대경부동시위난對境不動是爲難

산중에서 선정에 드는 것은 어렵지 않으나
세속에 살면서 경계를 대해 마음을 움직이지 않는 것은 어렵다.

　예로, 우리는 일상생활 속에서 필연적으로 만나야 할 사람, 안 만나야 할 사람들과 언제나 함께하고 있고, 기쁨과 짜증이 크고 작은 사건마다 반복되고 있으며, 이것이 바로 화가 되고, 또 때로는 보고 듣고 접하지 말아야 할 것들과 항상 상대하고 있는데, 좋은 것은 시간 가는 줄 모르지만 나쁜 것들은 가슴에 쌓이게 된다.
　생활 속에서 수행이란, 이러한 경계에서 초연하여 화가 되는 것들을 지혜롭게 공부의 자료로 삼고 상대의 입장에서 생각도 해 보고 이해의 폭을 넓혀 내 그릇을 키워가는 것이다.
　우리 모두가 제석천의 인드라망에 하나의 거미줄처럼 공심共心 · 공식共食 · 공존共存 · 공용共用의 끈으로 이어져 있어 본래로 너와 내가 없고, 불성인 지혜광명만이 온 우주와 함께 하고 있는 것이다.

　안과장공雁過長空
　영침한수影沈寒水
　안무유종의雁無遺踪意
　수무유영심水無留影心

기러기 푸른 하늘을 나니
그림자 고요한 강물 속에 잠긴다

기러기 자취 남길 뜻 없고
강물 또한 그림자 받아들일 마음 없네.

기러기와 강물이 서로 그림자를 주고받았지만 주고받았다는 흔적을 남기지 않은 거래, 이것이 무심無心이고 선심禪心이다.

우리의 삶 속의 거래에서도 내 것이라는 집착심만 비워버리면 다툴 것이 없고 괴로움이 사라지고 그 자리에 행복이 가득이 채워지는 것이며, 결과적으로 중생의 분별심分別心에서 우리의 고苦는 시작된 것이다.

'쟁즉부족爭卽不足 양즉유여讓卽有餘'라. "다투면 부족하고 양보하면 남는다."라는 말이 있다. "어느 큰 부잣집에 큰 쇠솥이 하나 있는데 그 솥의 밥은 세 사람이 먹어도 부족한 반면, 천 명이 먹어도 남는다는데 어찌된 일입니까?" 하는 물음에 대한 답이다.

자기밖에 모르는 이기적인 욕심은 아귀계餓鬼界로, 언제나 불평과 불만 속에 사는 사람은 지옥계地獄界에, 자기 고집만을 부리며 융통성이 없는 자는 축생계畜生界로 가게 되어 있다.

그러나 매사에 항상 긍정적으로 인연되어진 모든 것의 덕분에 감사하며 조금이라도 베풀며 사는 사람은 인간계나 천상계에 자동적으로 이르게 된다.

농부가 봄에 콩 한 되를 심으면 가을에 한 가마니를 얻게 된다. 무엇이든 베푼만큼 거두어들이게 되는 것이다.

복은 바라고 추구하는 데서 생겨 금생에 누리고 갈 때는 놓고 가지만, 덕은 대가 없는 부처님의 자비심에서 나오며 이것이 쌓이고 쌓여 성불로 이어지는 것이다.

이미지 힐링Image Healing과 이뭣고

"이미지 힐링은 일반적으로 각종 질병에 대한 마음의 약으로 우리 마음의 심층에 자리잡고 있는 무의식과 소통을 함으로써 약물 치료와 같은 효과가 있음이 입증되고 있다.

신체에 문제가 있는 부분을 깨닫고 치료를 받으면 나타날 효과에 대해 지각知覺하는 것이 치유의 원동력이 된다. 이 때문에 뇌와 신체는 어떤 화학물질이 필요한지, 어떤 유전자가 활성화 되고 비활성화 되어야 하는지, 화학물질이 어디로 보내져야 하는지, 그리고 궁극적으로 어떤 일이 일어나야 하는지를 결정하게 된다.

이미지 힐링을 이용한 치료의 핵심은 몸속에서 진행되는 치유 과정을 상상하는 데 있다. 자기 몸속에 아주 작은 사람이 있다고 생각하는데 나는 이것을 '미니 미(Mini-Me)'라고 부른다. 이 '미니 미'로서 당신은 치료 과정에 참여하는 것이다.

예를 들어 칼로 베인 곳이 있다면 당신은 스스로 '미니 미'가 벌어진 상처를 잡아당겨 붙이는 장면을 상상할 수 있다. 아니면 마법의 실로 벌어진 상처를 잘 꿰매어 흔적도 없이 아물게 하는 것을 상상할 수도 있다.

이런 상상을 하는 사이에 베인 상처 부근의 세포들이 자극을 받고 상처 부위를 관장하는 뇌의 영역도 자극을 받게 된다. 그 부위의 뇌 지도가 바뀌는 것이다.

뇌는 진짜로 존재하는 것과 우리가 상상하는 것을 구분하지 못한다. 이 덕분에 치료 속도가 빨라지게 된다.

예로 종양이 혹이라는 사실을 아는 것만으로도 치유 장면을 상상하는 데 도움이 된다. 그 종양을 얼음으로 된 혹으로 생각하고 그 얼음 혹이 일정하게 녹아내리는 장면을 계속 상상하는 것이다. 이런 장면을 며칠, 혹은 몇 주 동안 마음속으로 그리면서 그때마다 혹이 점점 작아지거나 아예 녹아 없어지는 장면을 상상하는 것이다.

여기서 핵심은 그 부위에 집중하면 해당 신체 부위와 그 부위와 관련된 뇌의 영역이 활성화 된다는 것이다.

이런 식으로 뇌와 몸 전체에서 화학적 변화가 일어나고 마음을 집중했던 신체 부위에도 변화가 일어난다. 더 큰 위력을 느끼려면 지속적으로 상상의 장면을 더 실감나게 만들면 된다.

오랫동안 아팠던 사람들은 자신의 질병에 대해 '끔찍하다' '절대 낫지 않을 거야' '지친다' 같은 말로 단언을 하면 뇌의 해당 영역의 뉴런들을 자극하기 때문에 생물학적 수준에서 질병에 영향을 미치게 된다. 이때 화학물질이 분비되고 유전자의 스위치가 켜지거나 꺼진다.

따라서 그 병과 연관된 세포들이 단백질을 비롯한 다른 물질을 생성하면서 병이 더 오래가게 된다.

환자가 태도를 바꾸고 말을 바꿔서 계속해서 '나는 회복되고 있어' '낫고 있어' '날마다 모든 면에서 나아지고 있어' 아니면 '완전히 낫기로 결심했어'라고 확신의 말을 거듭하면 적절한 신경 연결망이 형성되고 신경 펩트가 분비돼 세포와 DNA에 접속해서 치료를 돕게 된다.

나는 더 많이, 더 열정적으로 긍정과 확신의 말을 할 때 더 빨리 변화가 일어난다는 사실을 알게 됐다. 거기에 한 가지 더 언급하고 싶은 것은 자신에 대한 사랑이다.

사랑은 우리의 마음속에 닿아 영혼을 흔들어 놓는다. 사랑의 빛이 우리 삶을 비추는 순간 삶은 전혀 다른 모습을 띠게 된다.

그것은 몸과 마음의 질병을 부르는 스트레스가 사라지고, 살아 있는 모든 존재에 대한 깊은 존경과 감사가 자리하게 되며, 우리는 그 어느 때보다도 더 많은 에너지와 기적의 힘을 활용할 수 있게 된다."

유기화학 교수인 데이비드 해밀턴 박사의 기고 내용이다. 박사는 내 몸속 안에 작은 '미니 미'가 있다고 했는데, 이것이 과학자의 한계이다.

그리고 이 마음이 가아假我(미니 미)가 '나'라고 생각하는 습관을 버려야 한다.

생각들의 근원은 육체의 감각 기관 한계 내에서 받아들인 외부의 인식과 그동안 주입된 지식과 축적된 경험들이다.

그리고 느끼는 감정들은 자신이 갖는 기준점과 인식해서 받아들여진 것의 평가의 차이가 만들어 낸 것이기에 실체가 없는 것이기 때문이다.

이러한 상상의 이미지 힐링 치유법보다 더 확실한 길은 내 마음 안의 참나인 약사여래불이 치유해 준다고 믿고 확신하는 것이며, 이 병이 어디에서 왔는고? "이뭣고" 함으로써 근본적으로 치유가 시작되는 것이다.

긍정의 치유효과

우리가 경험한 모든 일, 지나간 순간들은 바로 '지금'을 위한 준비이다.

이제 우리는 자신만이 새로운 운명을 만들 수 있는 창조자이고 우주의 지혜를 활용할 수 있는 주인공임을 믿어야 한다. 무엇이든 마음으로 원하는 것을 성취할 수 있다는 신념으로 가득하게 채우면 꼭 손에 쥐게 되어 있다.

이 원리는 같은 비슷한 것끼리 서로 끌어당기게 되는 자기磁氣 법칙이다. 금은 금끼리, 깡통은 깡통끼리, 우리 몸의 자기장磁氣場은 우리 생각의 긍정적인 것과 부정적인 것을 염파念波의 지시에 따라 끌어당기게 되어 있기 때문에, 우리의 염력念力은 우주의 에너지를 마음껏 활용할 수 있는 힘이 되는 것이다.

무엇인가 부족하다는 느낌, 질투나 원망 등 부정적인 생각은 그대로 우주의 부정적 에너지를 끌어와 현실화시켜 버린다.

실제로는 아무 효과나 효능이 없는 설탕 등으로 만든 가짜 약을 명약이라고 속이고 환자에게 투여하면 진짜 약과 동일한 효과(플

라시보 효과)가 나타나기도 한다. 이것은 인간의 마음 자세가 질병의 치료에 큰 영향을 미치는 효과가 있음을 증명하는 예이다.

우리의 모든 질병은 거의 70-80%가 스트레스 때문인데, 이것이 오는 가장 큰 원인 중의 하나는 지나친 욕심과 매사에 사랑이나 감사함의 결핍에서 오는 것이고, 또한 지나친 욕심으로 이미 채워진 것들에 만족하지 않고, 더 가지려 앞만 보고 달려가기 때문이다.

부정적인 생각을 한다는 것은 그대로 우리 몸 안에 치유하기 어려운 독소를 집어넣고 있다는 것을 우리가 꼭 기억해야 한다.

우리의 생각 역시 한생각에 3천 가지 번뇌가 생멸을 거듭한다. 부처님은 찰나刹那(시공을 초월한 자리)가 생사가 없는 해탈의 본래 마음자리인 공적영지空寂靈知라 하셨다.

언제나 자신 있고 건전한 생각이 체내에 쌓이면 병균은 살아남지 못하나, 반대로 불안한 생각은 질병이나 가난, 불행의 씨앗이 되기도 한다. 아무리 물질적인 값비싼 보약을 많이 복용한다 해도 우리의 건강은 그것으로 해결되는 것이 아니다.

이것은 "사람은 자신이 생각하는 대로 된다."는 우주법칙에 따르게 됨을 입증하는 것이다. 우리 몸을 이루고 있는 백억 조의 중생의 생명체 역시 이 마음으로부터 나왔으니, 세포 역시 나와 같은 한 생명인데, 이 세상에 나올 때는 각자의 역할과 소임에 따른 것이나, 주인공의 관리 잘못으로 병균으로 변형되는 것이다.

"나는 왜 이렇게 매일 몸이 무겁고 피곤한지 모르겠어." "나는 뚱뚱해." "나는 늙었어." "나는 왜 이렇게 재수가 없어." "나는 가난해." 이처럼 부정적인 되새김이 나온 자리에 "이뭣고"로 되놓으면서, "나는 활력이 넘치고 건강해." "나는 행운아이고 부자야." "나는 행복하고 언제나 즐거워"로 찰나의 생각들을 절대 긍정으로 바꿔 놓으므로 "이뭣고"는 우주의 본체에 코드(CORD)를 꽂아 본래 부처와 하나가 되게 하고, 주파수를 맞춰 반야지혜를 살려 쓰는 것이 되고, 볼륨(Volume)을 조절하여 질병이 완치되었음을 확인하는 것이다.

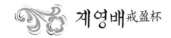

계영배 戒盈杯

계영배는 '넘침을 경계하는 잔'이란 뜻으로 술잔에 7할만 채우라는 말인데, 남은 공간에 조금이나마 여유를 가지는 슬기로운 멋을 담자는 뜻이다.

그릇에 물이 흘러넘치면 걸레로 닦아내야 한다. 무엇이든 탐貪하고 무리하면 화禍가 기다리기 마련이다.

아흔아홉 마지기 논을 가지고 있는 형이 한 마지기 논을 가지고 있는 동생의 논을 어떻게 해서든지 빼앗아 백 마지기를 채우려다 남보다 못한 원수가 되어 버리는 경우도 있다.

명예 · 권력 · 돈 · 사치 · 식탐 등 인간의 더 가지고 높이려는 욕망은 한계가 없다. 원숭이가 도토리를 양손에 쥐고 오다가 한 알이 땅에 떨어지니 그것을 집으려다 모두 놓쳐버리니 다람쥐들이 달려와 먹어 버렸다.

그만하면 됐다는, 스스로의 만족과 절제하는 마음은 언제나 넉넉한 여유와 행복이 뒤따르게 되어 있다.

그런데 말은 쉽지만 견물생심見物生心이라, 보면 갖고 싶고 누리면 더 채우고 싶은 것이 우리네 마음이다. 비우면 채워지는 만고의 옹달샘 진리를 저버리고 역으로 넘치게 채우려고 하니 언제나 탈이 나는 것이다. 흔히 갈 때 가지고 가는 것도 아닌데 뭐 그렇게까지 욕심을 부리나 하면서도 기회만 되면 앞장 서 가는 사람들이다.

아무리 맛있는 음식이라도 과식하면 소화가 되지 않고, 한 잔이 두 잔 되어 과음하면 토하게 되고 건강을 망치게 된다.

수미일관首尾一貫이라, 처음과 끝이 같아야 한다는 아주 멋진 말이다. 또 누구나 초심初心으로 돌아가자는 말을 많이 한다. 그만큼 세파에 물이 들어 처음 다짐했던 순진성과 정직성을 잃었다는 뜻이고, 불의不義와 적당히 타협해 가며 자기 합리화에 점점 익숙해졌다는 것이다.

삶은 주어진 것이지만, 인생은 만들어가는 것이다. 어떠한 유혹에도 자기 본래의 부동심을 지키기란 참으로 어려운 일이다.

옛 조상들은 밭에 콩을 심을 때 반드시 세 알씩을 심었다고 한다.

한 알은 땅 속의 벌레들을 위해서, 또 한 알은 나는 새와 짐승들을 위하여, 마지막 한 알이 사람들 몫이라 했다.

진정한 의미에서 부자는 많은 것을 쌓아 놓기 위한 기쁨보다, 나머지 3할이라도 베푸는 즐거움에 삶의 진정한 가치와 행복감을 누리는 사람들이다.

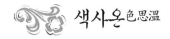 색사온色思溫

색사온色思溫, 이 말은 사람을 대할 때 나의 안색이 온화했는가를 반성해 봐야 한다는 가르침이다. 대부분 자기 기분에 따라 감정을 표출할 뿐 상대에 대한 배려는 아랑곳하지 않는 경우가 많다.

'이청득심以聽得心'이라. "귀를 기울여 들음으로써 마음을 얻는다."는 뜻이다. 이는 말을 배우는 데는 2년이 걸리나 제대로 말을 듣는 것을 배우는 데는 60년이 걸린다는 정도로 상대의 마음을 읽는다는 것이 어렵다는 뜻이다.

또한 '역지사지易地思之'라. 말을 할 때나 들을 때 아니면 생각할 때, 언제나 상대방의 입장에서 한번 생각해서 판단해 보라는 뜻이다.

예로, 어떤 사람이 자기 자랑을 하며 온갖 너스레를 떤다고 할 때, 귀로 듣는 사람은 상대방이 자기 잘난 체하는 것으로 듣고 그 사람의 한 겹 깊은 곳에 사랑받고 인정받고 싶어하는 순수한 마음을 읽지 못하는 경우가 대다수이다.

상대방의 말을 소리가 아닌 뜻으로, 귀로 듣는 것이 아니라 가슴으로 받아들인다면 어린아이의 투정을 애정으로 받아들이는 어머니의 사랑이 되는 것이다.

 사리事理의 옳고 그름을 분간할 때 경위涇渭라는 말을 쓴다. 이는 위수渭水와 경수涇水를 말하는데, 위수의 강물은 맑고 경수의 강물은 흐려서 맑고 탁함의 구별이 분명하다는 뜻이다.

 주周나라 문왕에게 발탁되어 제帝나라를 세운 강태공姜太公이 낚시질로 세월을 낚은 곳도 위수의 강물에서이다.

 이렇게 세월만 보내고 있는 남편의 무능함을 탓하고 굶주림에 견디다 못해 친정으로 달아난 부인이 훗날 강태공이 출세했다는 소식을 듣고 달려와 잘못을 뉘우치고 재결합을 간청하자, 북받치는 감정을 억제하며 낮은 목소리로 동이에 물을 길어오라고 하니 동이에 물을 가득 채워왔다. 그러자 그 물을 다시 마당에 부어 보라하고 엎질러진 물을 다시 담아 보라고 했다.

 그때 강태공은 다음과 같은 유명한 말을 남겼다.

 '복수불반분覆水不返盆'이라. "한 번 엎질러진 물은 다시 동이에 담을 수 없는 것이다."

 언제나 매사에 "이뭣고"한 박자만 쉬고 보는 인욕행忍辱行은 우리의 삶 속에 행복을 주고 덕을 쌓아 주는 여의주如意珠가 되어 주는 것이다.

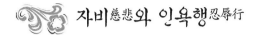

자비慈悲와 인욕행忍辱行

산포금수족山抱禽獸族

수마어해군水摩魚蟹群

산은 모든 짐승들을 안아 기르고

물은 모든 어패류들을 양육하여 생명의 은인이 된다.

이렇게 일체를 이기심利己心 없이 다 안아 주는 마음이 자비慈悲
이다.

무원근無遠近이라, 눈과 눈썹 사이라는 말로, 부처와 중생의 차이
는 묘각妙覺인 태양과 깨달은 성품인 각성覺性에서 나오는 빛의 거
리이다. 나와 남이, 우주와 내가 둘이 아닌 묘각妙覺의 근본 바탕에
서의 걸림 없는 자유로운 삶은, 그대로가 중도지혜中道智慧를 "이뭣
고"로 살려 쓰는 부처의 삶이 된다.

그러나 자아自我는 덧없는 속성(권력, 명예, 부, 탐욕) 등을 바탕으
로 구축되고 날조된 실체가 없는 허상일 뿐이다. 또한 매사에 비

우고 베푸는 자비심慈悲心은 인욕행忍辱行이 근본이 되어야 한다.

누구에게 뺨을 맞았다면 육체적인 아픔은 쉽게 사라지지만 마음의 아픔은 객客이 되어 한구석에 자리잡고 머무르게 된다.

이러한 불청객은 빨리 떠나야 하는데, 바로 지우지 않으면 무거운 짐이 되어 길게는 몇 십 년을 아니면 평생을 동거하니 심신이 괴로울 수밖에 없다.

중국 당나라 시대 무사덕이라는 사람이 동생과 나눈 인욕에 대한 대화이다.

"누가 만약 너의 얼굴에 침을 뱉었다면 어떻게 하겠느냐?"

"조금도 화내지 않고 침을 닦아 내겠습니다."

"그렇게 빨리 닦아 버리면 침 뱉은 사람의 심기를 거스르는 게 아니겠느냐?"

"그렇다면 어떻게 해야 하겠습니까?"

"그 침이 다 마를 때까지 닦지 않아야 그 사람에 대한 예의가 아니겠느냐?"

부처님 당시 부루나 존자가 고향에 가서 부처님 법을 펴겠다고 하였다.

그러자 부처님께서 말씀하셨다.

"너의 고향 사람들은 성질이 사납고 험악한 사람들이 많은데, 사람이 많은 자리에서 너를 비방하는 자가 있다면 어떻게 하겠느냐?"

"나무나 돌로 때리지 않은 것만으로도 다행으로 생각하겠습니다."

"나무나 돌로 때린다면 어떻게 하겠느냐?"

"칼로써 상처를 내지 않은 것을 감사하게 생각하겠습니다."

"칼로써 상처를 입힌다면 어떻게 하겠느냐?"

"죽이지 않은 것만으로도 다행으로 생각하겠습니다."

이 말을 듣고 부처님께서는 흔쾌히 승낙하셨다.

교진여 비구는 과거 한량없는 무량억겁 전에, 석존이 선인仙人으로 산에서 수행을 하고 있을 때에, 교진여가 가리왕歌利王이 되어 시녀들을 데리고 사냥을 나갔는데, 짐승을 쫓다 피곤하여 잠깐 낮잠을 자고 일어나 보니 같이 온 궁녀들이 어느 한적한 곳에서 어떤 선인 앞에서 경건한 마음으로 법문을 듣고 있는 것을 보고 격분하여 칼로 그 선인의 사지를 베어 버렸다. 그러나 아상我相을 여읜 선인仙人은 태연하여 아무런 동요가 없었다.

"내가 그대의 사지를 베었는데도 원망하는 마음이 없느냐?"

"내가 산에서 수행을 하는 것은 생사의 고품에서 벗어나고자 함인데, 어찌 곧 무너질 육신과 사지에 미련이 있겠습니까?"

그 순간 사지가 원래대로 회복되니 왕은 그 자리에서 무릎을 꿇고 큰절을 올리며 말하였다.

"선인이시여, 어느 때이든 성불하시거든 저를 제일 먼저 깨닫게 하여 주소서."

그때의 소원이 그대로 이루어져 아라한阿羅漢을 얻은 분이 바로

교진여 비구이다. 이러한 인욕행忍辱行도 한 박자 쉬는 "이뭣고"부
터 시작되는 것이다.

유아무와有我無蛙 인생지한人生之恨

고려 명종 때의 일이다.

백운 거사 이규보가 세 번이나 과거급제에 낙방하고 한恨이 되어서 자기 집 대문에 "유아무와有我無蛙 인생지한人生之恨"이라는 글귀를 써 붙여 놓았다.

마침 왕이 평복으로 변장하고 민심을 살펴보기 위하여 암행을 하던 중 이규보의 집 앞을 지나다가 이 글귀를 보았으나 도저히 그 뜻을 이해하기가 어려웠다. 때마침 날이 저물기도 하여 하룻밤 유숙하기로 하고 집안으로 들어갔다.

융숭한 대접을 받으면서 그 뜻을 물어 보았다.

어느 산중에 꾀꼬리와 까마귀가 같이 살고 있었는데, 하루는 둘이서 누가 노래를 잘 부르는지 3일 후 내기하기로 하고 심판은 흑두루미가 맡기로 하였다.

괴성을 자랑하는 꾀꼬리는 온힘을 다하여 열심히 목청을 가다듬고 있는 동안, 노래와는 거리가 먼 까마귀는 태평하게 놀다가 시합 당일 쌀 포대 하나를 구하여 논에 나가 개구리를 잡아가지고 흑두루미에게 뇌물로 바치니, 심판인 흑두루미는 까마귀의 손을 들어주었다.

꾀꼬리들이 부당한 결과에 일제히 항의했지만, 개구리가 없는 꾀꼬리의 한맺힌 절규로 끝난 것이다.

지난 소치 동계올림픽에서 우리나라 김연아 선수가 개최국인 러시아 선수에게 시합에서 이기고도 부당한 심판 판정으로 금메달을 놓친 경우와 같다.

세상에 자기 실력만 믿고 허송세월하며 자기 운運으로 돌리고 지혜 없이 하늘만 쳐다보고 사는 사람이 얼마나 많은가.

왕이 들어보니 과거시험의 장원급제는 실력보다는 양반집의 줄이나 돈에 눈먼 탐관오리貪官汚吏들에 의하여 뽑힌다는 것이다.

유능한 인재들도 돈 없고 빽 없으면 이렇게 초야에 묻혀 원한怨恨의 세월을 보내고 있다는 것을 느끼며, 조정의 썩은 정치를 개탄하고, 궁으로 돌아온 왕이 직접 과거시험에 이규보가 써 붙인 뜻을 묻는 뜻밖의 출제에 응시자들이 답을 쓰는 이가 없었다.

당연히 이규보가 장원급제의 영광을 누렸음은 물론 훗날 정승政丞이 되었으니, 사필귀정事必歸正이라, 누구나 지성至誠을 다하면 조금 늦고 빠른 차이는 있지만 기회는 꼭 오게 되어 있는 것이다.

사즉생死卽生 생즉사生卽死

"죽기를 각오하고 싸우면 살 것이요, 살기를 도모하면 죽을 것이다."

임진왜란 때 충무공 이순신 장군께서 하신 말씀이다.

지난 런던올림픽 유도 81Kg 부문에서 금메달을 목에 건 27세의 김재범 선수는 우승 후 인터뷰에서, "지난 번 올림픽에서는 죽기살기로 했더니 금메달 도전에 실패했는데, 이번에는 죽기로 했더니 1등을 할 수 있었다."고 하였다. 시합 도중 왼팔과 다리는 당장 수술을 받아야 할 정도로 만신창이가 되었고, 왼쪽 어깨는 함몰되어 골절이 된 상태였다.

오늘의 이 영광을 위하여 그는 지난 4년 동안 태릉선수촌에서 초인적인 혹독한 훈련을 수행하였다. 이는 '하면 된다'는 강한 의지를 등에 업고 사투한 피나는 땀의 결실인 것이다.

'용역가중배用力加重倍 사력십중배死力十重倍'라, "평소보다 힘을 더 쓰면 몇 배의 힘이 가중되고, 죽을힘을 다하면 열 배 이상의 괴력이 생긴다."는 말이다.

우리도 죽기를 각오하고 수행을 한다면, 오늘이 마지막이라는 절박한 심정으로 꾸준히 노력한다면 왜 이루지 못하겠는가?

미국인 조지 데너히(18)는 양팔을 가지지 않고 태어났지만, 발을 이용해 기타를 배워 지난 6월 2일 미국 버지니아 주 애시랜드에서 발로 기타를 치며 노래를 불렀다. 물론 첼로도 발로 연주할 수 있다고 한다.

"사람들은 누구나 목적을 갖고 태어난다. 우리는 모두 삶의 이유를 갖고 있다. 해야 한다고 느끼는 일들을 하면서 주저하지 마라. 나는 팔이 없이도 하고 싶은 일을 하기 위해 분투하고 있다는 점을 사람들이 평가해 주었으면 한다."

그는 발을 이용해 음식을 먹고 머리를 감는 법을 공개하기도 했다.

마음먹기에 따라 이 세상에 불가능이란 없는 것이다. 오직 하고 또 할 따름이다.

숫자로 본 진공묘유眞空妙有

이유일유二由一有 일역막수一亦莫守
일심불생一心不生 만법무책萬法無責

둘은 하나로 말미암아 있지만
그 하나 또한 지키지 말라
일심도 생기지 않으면
만법에 걸림이 없도다.

경유능경境由能境 능유경능能由境能
욕지양단欲知兩段 원시일공元是一空

경境境은 능能에 의해 경境境이 되며
능能은 경境境에 의해 능能이 된다
이 양단을 알려고 한다면
원래 이것이 일공一空이다.

『신심명信心銘』에 나오는 말이다. 능과 경은 서로 한정성이 있는 것이다. 이들의 근저에는 일공一空이 있다. 일공이란 절대무이다. 절대무 위에 능과 경이 서로 대립하고 서로 한정함으로써 만법이 탈 없는 이치가 있는 것이다.

이것을 쌍차雙遮라 한다면, 진공묘유眞空妙有라, 일체는 즉 만물만생萬物萬生은 진공眞空에서 생생生生하고 거둬들인다.

이 진공은 마음(心)이다. 그래서 일체유심조一切唯心造라 하는 것이다. 그래서 마음(心)은 체體이고 그 용用, 드러내고 거둬들이는 작용作用, 즉 생생生生은 반야(智慧)이다. 이것을 쌍조雙照라 한다.

'언전대기전법륜言前大機轉法輪'이라. 언전은 진공을 말하고, 대기가 온 법계를 굴린다의 대기는 반야를 말한다.

『금강경金剛經』에서 "일체제불급제불아뇩다라삼먁삼보리법계경차경출"이라. 삼세 일체 부처님과 무상 정등각을 이루는 모든 법이 이 반야지혜에서 나왔다고 하신 것이다.

1은 시작이며 동시에 완성을 이루는 숫자이다.

1이 나라면 2는 너다. 네가 있어야 사람 인人이 된다. 그래서 2는 생명체의 짝수요 인화人和의 수다. 그래서 세상살이엔 구경꾼인 제3자가 꼭 있기 마련이다.

3은 조화의 수다. 천지인, 불법승 삼보, 성부·성자·성령의 일체를 의미하며, 진선미의 수며 양극의 경계를 가로질러 타협과 소통의 다리가 되며 정반합正反合의 삼단논법으로 완성된다.

4는 만물의 형상을 포용하는 공간을 나타내는 4방위의 숫자요 완성을 의하는 수다. 삼위일체에 아我를 합하여 비로소 우주실체를 완성한다. 삼신三身에 내가 없으면 존재 가치를 상실하게 된디. 내가 이 세상에 탄생하였으므로 이 우주가 벌어진 것이다.

5 · 6 · 7 · 8은 1 2 3 4를 요령껏 합하면 만들어지는 수들이다.

9는 스스로 가장 큰 수이다. 또한 무량수無量數를 의미한다.

99는 81이고 8+1은 9이다.

0은 진공眞空이고 1은 묘유妙有이다. 1은 0에서 나왔다는 말이다. 그래서 숫자의 9가 앞으로 나가려면 0이 나와야 한다.

0은 곱하기만 하면 아무리 거대한 수라도 0으로 만든다.

허공虛空은 둘로 나눌 수도 없고 자를 수도 없는 불변不變 그대로인 것이다. 욕심이 생기면 그 자리에 0을 곱하면 된다. 0은 포용하고 녹여주고 비우면 채워주는 어머니이다.

1은 언제나 나 자신을 의미한다. 곱하거나 나누기는 천만 번 해도 소용없고 더하기와 빼기만 허용된다.

나에게 한 개씩만 더하면 태산이 되고, 99섬에 1섬을 더 욕심 부리면 100섬이 되기도 하지만, 하나씩 버리고 지우면 집착과 망상에서 벗어나 0이 되어 대자유인이 되는 것이다. 이것이 수행修行의 과果인 성불成佛이다.

조화와 균형

'멸아만시하심즉성불滅我慢是下心卽成佛'이라, 나(我)다 하는 아만심을 죽여야 하심이 되고 성불로 이어진다는 말이다.

머리를 숙여야 문틀에 이마를 부딪치지 않고, 땅을 보고 걸어야 돌부리에 걸려 넘어지지 않는다. 모서리에 각을 세우면 정을 맞게 되어 있고, 둥근 원 밖에 나온 사각형은 평지에서는 굴러가지 않는 법이다. 옛말에 목에 힘주어서 득될 것이 없다는 말이 있다.

가진 자는 겸손하고 모두의 덕분으로 감사하며 베풀고, 없는 자는 자기 탓으로 돌리고 시기심과 자기만을 위한 이기심을 죽이고 성실히 노력하면 꼭 소원이 이루어지는 것이다.

삶 속에서도 시시비비是是非非와 따돌림에서 벗어나려면, 원圓을 키워 밖으로 나오게 하고 각角을 속에 넣어 차츰 작게 하여 원과 하나가 되게 하는 것이 수행이며, 누구에게나 존경받는 인격자가 되는 것이다.

요철凹凸은 조화와 균형이다. 톱니바퀴도 서로 틈새 없이 물리고 거기에 정성의 기름을 쳐야 돌아가게 되어 있고, 이 세상 전부(공기·물·태양·인간 등)가 유기적으로 거미줄같이 연결되어 있어 독불장군이란 없는 것이다.

짚단도 하나로는 서지 못하고 여러 개를 엮어놓으면 세워지는 것이다. 거대한 인공위성도 수많은 부품으로 만들어져 그 위용을 발휘하지만 나사 하나만 빠져도 움직일 수 없게 되는 것과 같다.

한생각만 내려놓고 비우면 서로 쉽게 동화되어 세상을 밝고 부드럽고 행복하게 살아갈 수 있는데 아상인 자기 고집만을 세워놓고 타고난 성품으로 바꿀 수 없는 고정관념화시켜, 자기 가족에게도 따돌림 당하며 조화를 못 이루고 평생을 외롭게 살다가 가는 사람들도 있다.

우리의 손은 바닥과 등으로 되어 있는데, 한쪽으로만 살아가는 사람들이다. 하나로 보고 사는 것이 반야지혜이며, 주와 객을 초월한 중도가 부처님 삶이다.

부처님 말씀에 "거문고의 줄이 너무 강하거나 느슨하면 본래의 고운 소리가 나지 않는다." 하셨고, 활(弓)도 줄이 너무 강하면 화살이 멀리 날아가지 않아 그 기능을 발휘할 수 없는 것이다.

한나라 때 명장 한신韓信의 이야기이다.

천하를 바로잡을 큰 뜻을 세우고 때를 기다리던 한신은 몹시 가난하여 매일같이 회음성淮陰城 밖 냇가에서 낚시질이나 하며 소일하였다.

그 냇가에 사는 한 노파가 가난한 한신을 불쌍히 여겨 그에게 매일 밥을 주니 한신이 크게 감사하여 말하였다.

"이 은혜를 꼭 보답하는 날이 있을 겁니다."

그러자 그 노파가 핀잔의 말을 하였다.

"아니 허우대가 멀쩡한 녀석이 끼니 하나 해결 못하는 주제에 무슨 은혜에 보답한다고? 그저 불쌍하게 생각해서 밥 몇 끼 준 거야."

또 회음성 안의 백정 패거리 중에 평소 한신을 업신여긴 녀석이 시비를 걸어왔다.

"이봐 덩치 큰 친구, 꼴은 제법인데 배짱은 빈껍데기군. 내 가랑이 밑으로 기어나가 봐."

구경꾼들이 모여들자 더욱 신바람이 나서 한신의 자존심을 짓밟아 내렸다. 한신은 묵묵히 그 가랑이 밑으로 기어갔다.

그 후 한신은 한나라 유방을 도와서 천하를 평정하고 재상宰相이 되자 먼저 그 노파를 찾아 대가 없는 보시에 대한 감사로 천금의 상을 내리고, 그때 망신 준 백정도 불러 인욕의 스승으로 후하게 대접하였다. 이는 대가 없는 보시에 대한 감사의 보은이다.

태산 같은 자부심을 가졌어도 때에 따라 누운 풀처럼 자신을 낮출 수 있어야 하고, 사슴처럼 두려워 할 줄도 알고 사자처럼 사나운 기개가 있으면 그런 사람이 참된 사람이라고 할 수 있다.

말言行

　우리가 누구를 미워하며 그 대상을 마음 안에 오랜 기간 넣어 두면 그 사람과 동거하면서 자연히 닮아가게 되며, 나중에는 마음 병病이 된다. 그러니 나쁜 감정들은 빨리 지우고 비우며 밝게 사는 연습이 수행이다.

　장수가 과녁에 쏘아 꽂힌 화살은 아무리 강해도 뽑을 수가 있지만, 감정이 쌓인 상태에서 언쟁의 독화살이 상대의 가슴에 꽂히게 되면 이것이 원결이 되어 빼낼 수가 없게 되는 것이다.

　말(言)이 씨(種子)가 된다는 속담이 있다. 말(言)의 근원은 마음(心)이기 때문에 밝은 마음에서는 선한 말이, 검은 마음에서는 악한 말이 나오게 된다. 맑은 물을 소가 먹으면 우유가 되고, 독사가 먹으면 독이 되듯이, 말도 하는 대로 되는 것이다.

　예를 들어 매일 '나는 무엇이든지 되는 일이 없어'를 입버릇처럼 하는 사람은 그렇게 되며, 매사를 긍정적으로 '하면 된다'는 신념을 가지고 열심히 성실하게 노력하면 꼭 이루어지는 것이다.

　동네 아기 엄마가 자기 아들을 혼내면서 "나가 뒈질 놈" 하면 그렇게 되고, 반대로 "우리 아들은 커서 만인에게 존경받는 큰 인물이 될 거야" 하면서 마음으로 정성을 들이면 그렇게 되는 것이다.

말의 씨앗이 말을 하는 본인이나 듣는 상대방의 마음밭에 뿌려지기 때문에 좋은 씨는 울창한 공덕림功德林이 되어 우리에게 건강한 에너지를 끊임없이 공급하지만, 한쪽은 씨를 말려버리는 메마른 민둥산이 되어 언제나 갈증으로 시달리게 한다.

눈에 보이는 상처는 치유하기 쉽지만 말로써 상대방의 마음에 상처를 입히면 그것이 원한의 화살이 되어 다시 내 가슴으로 날아오게 된다.

인연된 사람들끼리는 아무리 서운해도 막말을 해서는 안 된다. 상대방 역시 마지막 말을 해 버리면 다시 처음으로 돌아오기가 어렵기 때문이다. 그렇게 되면 서로 싫은 사람이 되어 그 미운 감정이 깨끗이 비워질 때까지 내 마음속에서 그 사람과 함께 살아야 하는 고통이 따르게 된다.

말은 자기 마음을 표시하는 유일한 도구이기 때문에 표현(대화)하기 전에 섬세하게 살아 있는 예술작품으로 승화시키는 지혜가 따라야 한다.

하심즉성불下心卽成佛

우리가 매사에 감사하는 마음을 갖는다는 것은 개별적인 것으로 되지만, 일체 제불諸佛과 중생 및 온 시방법계가 다 하나로 연기되어 돌아가기 때문에 내 자성불自性佛, 즉 성품에 감사함은 그것은 일체에 회향하는 것이 되어 공덕이 되는 것이다.

인아산붕처人我山崩處
무위도자성無爲道自成
범유하심자凡有下心者
만복자귀의萬福自歸依

산이 무너지는 절박한 어려운 상황에 처하여도
자기를 바로 세워 도道를 이루고
어느 누구에게나 항상 하심下心하면
만복萬福이 찾아든다.

야운 스님 게송에 나오는 구절이다.

'멸아만시하심즉성불滅我慢是下心卽成佛'이라. 나를 세우는 아만심을 버려야 하심이 되면서 성불로 이어진다고 한다.

우리가 매일 생명을 이어가기 위하여 섭취하고 있는 음식물에게 또 우리 몸을 이루고 있는 지수화풍地水火風에 대하여 감사했는가?

이 음식물들은 어디서 왔는가? 나를 이루고 있는 수백억의 세포들의 원소는 어디서 왔는가?

'부모미생전본래면목父母未生前本來面目'이라. 부모에게서 태어나기 전 나는 어디에서 왔는가? 나는 누구인가? 오직 모르고 또 모를 뿐이다.

"이뭣고?"

인과응보因果應報

카필라국 정반왕궁에서는 코살라국 파사익왕과의 외교상 친분 관계로 석씨 궁중의 공주를 파사익왕에게 시집을 보내기로 했으나, 미모가 뛰어난 부처님의 사촌 동생 마하남의 집 하녀의 딸 말리카를 공주로 속여 시집을 보냈다. 이것이 후일 큰 재앙을 낳게 된 것이다.

이렇게 태어난 태자가 훗날 석가족을 몰살시킨 포악한 유리왕이다.

유리왕이 어린 시절 어머니를 따라 외가인 정반왕궁을 방문하였는데, 그때 석존께도 성불하시고 오랜만에 부왕의 초대를 받고 왕궁에 오시게 되어 단상에 법좌를 장엄하고 세존을 맞이하게 되었다.

이때 유리왕자가 법좌가 마련된 높은 단상에 올라가 세존이 자리하실 사자좌에 앉아 있자 이를 본 궁인들이 호통을 치며 "종년의 자식이 여기가 어디라고 감히 못된 짓을 하느냐?" 하며 끌어내렸다. 그 시간부터 "오냐 언젠가는 내가 반드시 석가족을 멸족시키리라"는 원한을 품고 돌아갔다.

이 유리왕자가 장성하여 마침내 부왕인 파사익왕을 폐위시키고 스스로 왕위에 올라 폭군이 되어 카필라국 석가족을 몰살시키기 위하여 대군을 이끌고 침략하자, 세존께서 미리 아시고 대로변에 잎이 다 떨어진 한 그루 나무 밑에 앉아서 유리왕을 기다렸다가 세 번이나 만류하였으나 끝내 입성을 해서 수십만 명을 살상하였다.

세존께서 후일 유리왕과 석씨 문중과의 과거세에 맺은 악연惡緣에 대하여 말씀하셨다.

"오랜 옛적에 석씨 문중은 지금의 유리왕이 바다의 물고기 왕이었을 적에 수많은 바닷물고기를 잡아서 생업을 유지하였는데, 그때의 무거운 살생의 업연業緣으로 이 같은 참사를 당하였다. 설사 하늘을 땅으로 만들고 땅을 뒤집어 하늘을 만들 수는 있다 하여도 구원겁에 꽁꽁 묶인 인연이야 어찌 없어지겠느냐."

당시 신통제일 목건련이 석씨 문중 사람들을 조금이라도 구원해 보겠다는 염력으로 자신의 발우를 우주선으로 만들어 가지고 석가족을 많이 싣고 안전한 천상에 올라가서 잠깐 피신시켰다가 다시 돌아와서 보니 한 사람도 생존자가 없었다고 하였다.

이렇게 공업共業 또한 피할 수가 없는 것이다. 유리왕도 전쟁 후 배를 타고 본국으로 돌아가다가 배 위에 벗어 놓은 옷 속에 들어 있던 화경火鏡이 옷 섬유를 태우면서 발화되어 배가 전소되는 참화로 전신이 불길에 타면서 살생죄로 곧바로 무간지옥으로 떨어지고 말았다.

이렇게 우리가 지은 업보業報는 피할 수가 없는 것인데, 순현보順

現報는 금생에 지어서 금생에 받고, 순생보順生報는 금생에 지어서 내생에, 순후보順後報는 내내생에, 부정업보不定業報는 언제 받을지 모르는 업보이다.

죄罪와 복福은 그 용처에 있어서는 다르지만 그 당처인 성품性品은 하나이다. 그러므로 복성품이 비어서 안과 밖과 중간에도 있지 않음을 알고 죄성품 또한 이와 같이 안다면 이런 까닭으로 금강지혜金剛智慧를 얻어서 죄복罪福 이상二相의 성품이 공空함을 깨쳐 알면 천하는 태평춘太平春이라 할 것이다.

그러나 이 소식은 어디까지나 공리空理에 요달了達하여 번뇌와 망상의 망태를 벗어나고 삶과 죽음의 그물에서 벗어난 대도인大道人의 경지이다.

세간의 부귀와 빈천은 그 죄복의 심천深淺을 바탕으로 하고 현재의 현우행賢愚行, 즉 지혜롭고 어리석은 행에 따른 과보果報에 따르게 된다.

선善을 닦는 복덕성은 무상정각無上正覺인 대도大道를 이룰 수 있는 계기가 되겠지만, 악惡을 범하는 죄악행罪惡行은 삼도三途 고해苦海인 윤회輪廻를 벗어날 수 있는 길이 막힌다.

실로 중생계의 선악과보善惡果報는 머리카락 한 올같이 지은 대로 베푼 대로 당하고 받게 마련이니 법은 법으로써 공평무사公平無私한 대법大法인 것이다.

'마부작침磨斧作針'이라, 도끼를 갈아 바늘을 만든다는 뜻으로 "지극한 마음으로 정성스럽게 닦으면 반드시 얻는다."는 『잡보잠

경』에 있는 말이다.

금생성불의 원력을 세우고 일일일선一日一善의 작은 선행부터 부지런히 수행하여 최상승도最上乘道인 정각正覺을 이루어 대자유인大自由人이 됨으로써 금생의 소임을 다하는 것이다.

음양오행陰陽五行의 생성 원리

『수능엄경』에서 부처님께서는 태양을 비유하여, 태양을 묘각妙覺인 본래 성품자리로, 태양에서 발산되는 밝은 빛을 깨닫고 곧 아는 성품인 각성覺性으로 표현하셨고, "각覺의 명명明과 공空의 매昧(새벽)가 상대하여 요동함이 생기게 되어 풍륜風輪이 세계를 집지執指하느니라."고 하셨다. 바로 여기에서 불교의 묘법인 12연기 가운데 그 시원인 무명無明에서 행行이 생성되는 그 뿌리가 설명된다.

목금수화토木金水火土의 음양오행陰陽五行 생성 원리를 살펴보면, 각명覺明은 양성이고 공매空昧는 음성으로 이것이 마음의 시원始原이 되며, 두 양극의 성이 세계와 중생계를 두루 품으면서 온갖 종성種姓을 창조해 내고 있으며, 시방세계도 끊임없이 돌아가고 일체중생의 근본根本이 되고 있는 마음이란 무명無明도 12연기로 연연상속하고 있다.

각覺의 명명明(陽)과 공空의 아득한 매昧(陰)가 서로 오래 상대하는 가운데서 요동이 일어나는데 양성은 따뜻하여 온溫하고, 빛이 없는 음성의 암暗은 냉冷한데, 이 온냉은 서로 같은 것은 밀어내고 다른 것은 끌어당기기 때문에 이것을 동반이합同反異合이라 한다.

이러한 음양의 속성으로 요동搖動하는 바람이 생기고, 이를 풍동風動이라 하여 오행에서는 목木이라 한다.

이 바람이 시방세계를 감싸 돎으로 해서 무변한 허공은 공전을 하고 세계는 안전하게 자전을 하게 되어 오행에서는 목木이 세계를 보지保持한다고 한다.

금金은, 텅 빈 허공虛空을 인因하여 요동함이 생기고, 그 허공은 각명覺明의 밝은 빛을 받아 굳혀서 견애堅礙의 금보金寶가 된 자기장磁氣場이 생기게 되었는데, 이것을 금륜金輪이라 한다.

화火는, 양성陽性과 음성陰性의 온냉溫冷이 서로 상대하는 가운데서 일어나는 바람(木)이 우주의 자기장인 금성金性을 마찰함으로써 전깃불이 일어나게 되었는데, 이 전기의 화광火光이 일어나서 만물과 만생을 변화시키는 성품이 되었고, 시방세계에 가득한 전기 에너지가 이렇게 해서 생겼음을 밝혔다.

수水는, 금金은 본디 차고 반짝이는 밝은 윤기를 내는데, 이 금보인 자기장을 목木인 바람이 마찰함으로써 일어난 화광의 불꽃은 위로 치솟는 성질이 있는데, 그 불꽃이 찬 금보를 증蒸(찌게 되므로) 해서 축축한 수증기가 생기게 되었다. 이러한 인연으로 수륜水輪이라 하는 수소가 시방세계를 두루 머금어 모든 존재를 윤택하게 한다고 하셨다.

토土는, 화火(불)는 위로 치솟아 오르고 수水(물)는 밑으로 흘러내리는 속성으로 서로 밀치는 반작용이 생김으로써 시방세계에는 엄청난 중력장重力場이 생기게 되었는데, 이 기압이 번뇌煩惱 망상妄想의 입자粒子인 분진粉塵들을 굳혀서 토土(흙)가 되었다.

시방세계가 생주이멸하게 되는 우주 물리의 모체는 이 불(火)과 물(水)이며 이 조화로 이루어진 것이 흙(土)이다.

부처님은 이렇게 시방세계를 창조한 음양의 속성을 가진 원기元氣와 원소元素(金木水火土)들이 서로 상보相補 · 상극相剋 · 상생相生을 하면서 기세간器世間(宇宙)이 탄생되었음을 밝히셨다.

마음이 생기는 것은 묘각妙覺의 빛인 각성覺性의 여명黎明으로 훤한 새벽(昧)의 영역은 의식계意識界가 되고, 어둑해져서 어슴푸레한 영역은 마음의 속성 가운데서 중성자와 같은 성격의 잠재의식계潛在意識界가 되며, 마침내 캄캄한 밤의 영역인 암울한 쪽은 무의식계無意識界가 된다. 이러한 이치로 중생들의 마음을 '클 마摩'와 '그늘 음陰' 자를 써서 '마음摩陰'이라 부르게 되었는데, 현대 과학에서는 이러한 이치를 분석하여 하나하나 증명하고 있지만, 일체중생(인간 동식물 등)들의 모양, 구조, 기능은 어떻게 이루어졌으며, 거기에 생명을 넣어주는 주체의 신비는 모르고 모를 뿐이다.

이렇게 식심識心의 캄캄한 마음(心) 너머에 있는 본심本心인 불성佛性의 자리에서 "이뭣고"를 수행함으로써 대광명大光明인 묘각妙覺을 깨달아 이 비밀秘密을 증득하고 부처를 이루게 되는 것이며, 도피안이라는 마음의 저쪽에는 태양의 십조 배나 밝은 묘각妙覺이 언제나 우리를 기다리고 있는 것이다.

🌸 창조의 비밀

나뭇가지를 보면 사이사이에 작은 혹처럼 튀어나온 싹이 나왔던 마디가 있다. 이 마디는 나뭇잎을 가지에 붙이는 아교(접착제) 역할을 하는 세포들의 집이기도 하다. 봄에는 폭풍도 나뭇잎을 떼어내지 못하지만 가을이 되면 아교 띠를 이루고 있던 세포들이 죽기 때문에 낙엽이 되어 가지에서 떨어진다.

그 나약한 아교 띠의 힘으로 사과나무에 약 150개가 매달려 있는데(1개 무게는 300g 정도) 약 50kg 이상을 짊어지고 있는 셈이다. 그 강인함은 눈으로 측정할 수 없는 것이지만 자연의 신비스러움과 경이로움에 그저 머리 숙일 따름이다.

우리의 머리카락은 줄기를 보호하고 나오는 세포들을 품고 있는 조직의 외피 부분을 모낭이라 하는데, 성장기 · 퇴화기(이때 많은 모낭이 죽는다) · 휴면기(이때 머리카락이 빠진다)의 3단계를 반복해서 거치는데 이 모낭이나 아교 띠 세포들이 늙어 죽는 것이 아니고 시간이 되면 폭탄 같은 파괴력을 지닌 복잡한 단백질 기재를 활성화 시키는데 이 기재가 세포들을 산산조각 낸다. 즉 자살을 하는 것이다.

세포의 자살은 아포토시스(Apoptosis) "떨어지는 잎새"를 뜻하는 그리스어에서 유래된 말이다.

나무는 물과 미네랄을 뿌리에서 잎으로 수송하는데 잎은 이들을 가지고 에너지 물질을 만든다. 나무도 우리의 혈관처럼 속이 빈 튜브들로 이루어졌는데, 나무가 어린 묘목일 때는 이 튜브들 안에 세포들로 꽉 차 있었지만 자라면서 세포들이 자살함으로써 수송망이 만들어진 것이다.

어머니 자궁 속에서 우리의 손이 만들어지는 과정도, 처음에는 마치 삽이나 오리발같이 세포층으로 결합되어 붙어 있었는데, 나중에 손가락을 붙여 놓고 있던 세포들의 자살로 완전한 손가락을 갖고 태어나게 된다.

우리의 손을 유연하고 조화롭게 사용하기 위한 기능은 뇌에서 신경(살아 있는 전선)을 거쳐서 근육으로 이동하는 전류(electric current)이다.

근육당 수백만 개나 되는 근육 세포들은 각각 하나의 신경 세포와 붙어 있어 근육 세포에 오그라들라고 명령하면 이에 따라 움직인다.

이러한 신경망이 어머니의 자궁 속에서 만들어지는데, 처음에는 이 신경망도 뒤엉켜 있었지만 근육 세포에 붙어 있던 수백만 개의 신경 세포들 중 하나만 남고 모두 죽어 애초에 복잡하게 얽혀 있던 신경 세포들은 정교한 신경망을 만드는 재료 역할을 한 것이다.

이러한 현상은 우리가 태어났을 때는 살아남은 것보다 더 많은 것이 이미 죽어 버린 창조의 비밀이 있었다는 사실을 말해 준다.

한 유기체의 형태와 기능의 완전한 변형, 즉 변태(metamorphosis)는 나비로 변한 애벌레가 가장 극적으로 보여 주지만, 개구리로 변한 올챙이는 몸의 형태를 완전히 바꾼다.

올챙이 꼬리는 헤엄칠 때 필수적인 부분이지만 개구리로 변하는 과정 중에 다리가 나오면서 사라진다.

또한 올챙이 때는 주로 식물을 먹었지만 개구리가 되면 잡식성 포식자가 되고 올챙이 때 필요한 아가미 대신 완전한 폐가 갖추어진다.

특히 올챙이 몸의 절반을 차지했던 꼬리가 없어질 때 수백만 개의 세포가 죽는데 이들 세포들은 모두 자살하지만 죽은 후에는 해당 유기체의 새로운 에너지 물질로 변형(재활용)된다.

이와 같이 우리의 몸에서도 매일 6천만 개에서 7천만 개 이상의 세포들이 자신들의 목숨을 바치고 있는데, 1년간 이렇게 죽는 세포들의 무게를 합하면 우리의 몸무게와 같다. 즉 사람의 몸에 있는 세포들은 일 년 단위로 모두 바뀐다는 것이다.

유기체가 세포들로 만들어진 살아 있는 조각품이라면 세포는 분자들로 만들어진 것이다. 세포의 가장 많은 부분을 차지하고 있는 단백질을 예로 들자면, 1분마다 하나의 세포는 3천 개 이상의 아미노산으로 이루어져 있는 동일한 단백질을 1분마다 수백만 개 이상 복제해낸다. 그런데 대부분의 단백질의 수명은 며칠에서 몇 분으로 효소 단백질의 파괴 작용으로 죽임을 당한다.

식물의 뿌리가 주변의 토양에서 그리고 우리 몸의 세포는 혈액에서 먹이를 구하는데 세포의 먹이는 끊임없이 바뀐다. 먹이가 바뀌면 새 먹이분자를 에너지로 바꾸는 효소 단백질을 바꿔야 하기 때문에 기존의 단백질을 파괴하고 새 먹이분자를 인식할 수 있는 새로운 단백질(분자)을 만든다.

이렇게 화학반응을 살펴보면 서로 결합해 분자를 만드는 원자들, 원자로 분리되는 분자들, 소립자들이 서로 파괴하고 창조하는 데 똑같이 적용되고, 혈관(Blood Vessel)의 총 길이가 약 12만Km, 무게는 우리 몸무게의 약 3%나 되고, 동맥의 굵기는 2-3cm이며, 모세혈관은 1mm의 100분의 1 정도로 가는 혈관 속에 산소와 영양소를 가득 실은 혈액은 1분당 2.5-3.5L씩 심장에서 뿜어져 우리 몸의 장기와 세포에 새 생명을 끊임없이 불어 넣고 있다.

세포(cell)의 크기는 1um마이크로미터(100만분의 1cm)로 현미경으로나 관찰할 수 있을 만큼 미세하다. 이러한 세포가 600억 개 이상으로 우리의 뇌를 구성하고 있는데, 그 한 개의 세포 속에는 천백억 개의 생명체가 존재하고 있다고 하니 우리 몸을 이루는 세포는 100억조 이상의 자성중생自性衆生으로 구성되어 있다는 말이다.

자연의 물질은 원자로 구성되고 원자는 원자핵과 전자로 이루어진다. 또 원자핵은 중성자와 양자로 구성되고 중성자와 양성자는 쿼크(Quark)라는 입자로 이루어지는데 쿼크는 물질을 이루는 가장 작은 단위이다.

물질을 이루는 가장 작은 단위의 물질은 소립자素粒子(elementary particle)로 약 300여 종이 있는데 분자-원자-원자핵-소립자로 원자의 크기는 1mm의 1천만분의 1이고, 원자핵은 1mm의 1조분의 1이며, 소립자인 전자는 원자핵의 1만분의 1이라니 가히 숫자로서 측량할 수 없는 미지수이다.

이러한 소립자가 질량을 갖게 되어 원자가 태어나고 우주가 탄생한 것인데, 이 세상은 기본 입자 12개, 힘을 전달하는 매개 입자 4개와 힉스 입자로 구성된 17개 소립자로 이루어졌다.

소립자에 질량을 부여함으로써 모든 물질이 탄생하게 되는데, 이 입자는 현재까지 과학적으로 입증이 되지 않은 상태였다.

그런데 힉스 입자(Higgs boson)는 1960년 물질에 질량을 부여해주는 입자의 존재를 예언한 영국의 피터힉스 교수가 내놓은 이론으로 유럽의 공동원자핵연구소(cern)가 강입자 충돌기(LHC)를 통하여 2012년 7월 4일 40년 만에 최초로 확인됨으로써 빅뱅 이래 신비한 우주와 물질의 탄생 원리가 그 비밀을 드러내는 계기가 된 것이다.

그러나 과학자들에 따르면 우리가 알고 있는 통상의 물질은 우주의 4%에 지나지 않고 나머지는 암흑에너지 73%, 암흑 물질 23%로 구성되어 있어, 인류의 진리에 대한 이해 수준은 넓은 바닷가에서 조약돌 하나 줍는 정도라 하니 결국 지구상에서 우리 인간의 지혜 능력은 4%인 것이다.

그러니 깨쳐야만 알 수 있는 오직 모르고 모를 따름이며, 이것이 무엇인고?

"이뭣고"인 것이다.

강물 또한 섭씨 4℃보다 더 차갑거나 더우면(0℃의 얼음도 100℃
의 끓는 물도) 가벼워서 모두 위로 올라간다. 그래서 강물이 얼어
도 밑바닥 물은 무거운 밀도인 4℃의 물이 흐르게 되어 있어 물고
기들이 살게 되어 있다. 그 속에서 물론 개구리들처럼 활동을 멈춘
동면상태로 고요하고 평화로운 겨울을 나게 되는 안식처가 된다.

이것이 불가사의한 자연의 조화와 생존법칙이다.

종족 보호 본능

  호주의 말리포올(mallee fowl)이라 부르는 자색무덤새는 흙, 잔가지, 나뭇잎 등으로 만든 커다란 둔덕 속에 알을 낳아 묻고 나뭇잎 등을 분해해 알의 부화에 필요한 열을 만들어 낸다. 수컷은 8개월 이상 매일 다섯 시간씩 둔덕의 온도를 살피고 태아의 최저 온도를 유지하기 위한 둔덕을 짓는데 850kg의 재료를 운반하는데 사람으로 치면 40톤이나 된다.

  오소리는 땅 속에 큰 저택을 짓고 열두 마리의 대가족을 이루어 몇 대가 안전하게 사는데 한 채의 길이가 약 30m나 되고, 매듭짓기 왕 산까치는 한쪽 다리로 풀 한 가닥을 잡고 부리로 다른 풀을 물어 매듭을 짜 공예품 같은 집을 짓는데, 정교하기로 유명하며 심한 비바람에도 견딜 수 있는 보금자리를 짓고 산다.

  반대로 뻐꾸기는 멧새, 할미새, 종달새 등의 둥지에 한번에 2-3개의 알을 5회 낳는데 가짜 어머니가 품은 지 10-12일이면 부화되고 20일 동안 먹이를 얻어먹으며, 둥지에 있는 동안 가짜 어미가 부화시킨 새끼들을 둥지 밖으로 떨어트리며 독차지한다.

꿩은 땅 위의 풀숲에서 새끼를 낳아서 키우는데, 굶주린 포식자가 숲을 뒤지면 수컷인 장끼는 "꿱" 소리를 지르며 도망가서 모래 속에 얼굴을 박고 포식자의 먹이가 되어 주고, 그 사이에 암컷은 새끼들을 데리고 피신한다.

부화 기간은 23일인데 부화 후에도 오랜 기간 암컷의 보호가 필요하지만, 수컷은 자기 유전자를 2세에 전하기 위해 단 몇 초 동안의 교미로 충분하며 따라서 화려한 깃털로 장식한 수컷의 할 일은 자신의 2세를 임신한 암컷이나 새끼가 포식자에게 먹히지 않기 위한 유인과 희생으로 약육강식에서 꿩이 터득한 진화의 법칙이다.

남극의 펭귄은 영하 50도의 강추위 속에서 짝짓기를 하는데, 암컷은 알을 낳아 수컷의 발 위에 올려놓고 해안가로 먹이를 구하러 떠나면, 발등의 털로 알을 품은 수컷들은 부동자세를 취하며 아무것도 먹지 않고 몸무게가 15kg까지 줄어드는 굶주림과 기다림의 부성애父性愛를 발휘한다.

새끼가 부화되어도 어미가 오지 않으면 자신의 위벽이나 점막을 녹여 토해내어 젖을 주는데, 이것이 펭귄밀크라는 아버지의 젖이다.

아교수류탄 개미는 자기 서식지를 지키기 위해 커다란 분비샘을 폭파시켜 끈끈한 아교 성분을 분출하는 방식으로 침략자를 꼼짝 못하게 얽어매고 자신은 죽는 자살폭탄 공격을 감행한다.

굴이나 조개 같은 수상 생물들은 단단한 껍데기로 자신을 보호하는데 껍데기의 주성분은 바닷물에 용해되어 있는 탄산칼슘이다. 그런데 물이 탄산칼슘이 부족하면 조개껍데기에서 빠져나간다.

이 경우 껍데기는 계속 얇아지다가 결국에는 녹아서 죽게 되는 것을 방지하기 위하여 콘키올린(conchiolin)이라는 물질로 방수층을 만들어 자신을 보호한다.

자기방어를 위해 발휘되는 유기체들의 창조성은 곤충인 딱정벌레, 개미 등 저항하는 열대 덩굴식물에서도 볼 수 있다.

이들은 독성을 내품거나 악취가 나는 나무진을 발산함으로써 곤충들을 쫓는데, 열대우림에 내리는 비 피해로부터 집을 보호하기 위하여 개미들은 유연하고 부드러운 방수제인 그 나무진을 앞다투어 채취한다. 역설적이지만 공생하는 셈이다.

모기는 보통 때는 꿀물이나 식물의 진액을 먹고 산다. 하지만 짝짓기를 한 암놈은 '흡혈귀'가 된다. 온혈동물(조류와 포유류)의 피에 든 단백질이나 철분이 알의 성숙에 필수적이기 때문이다.

우리가 모기에 물리는 것은 결과적으로 한 생명체인 모기 새끼를 키워주는 영양소가 되어 주는 것이다. 암놈은 1-2주 동안 3-7회에 약 700백 개의 알을 낳고 죽는다.

여름에 울어대는 매미는 애벌레로 땅 속에서 7년간 인욕의 세월을 보내고 세상에 나와 7일을 일기로 생을 마감한다.

이렇게 모두가 자연의 생존 법칙에 의하여 공체共體, 공존共存, 공생共生, 공식共食, 공용公用하고 있는 것이다.

그런데 사람들은 어떠한가? 취미삼아 약한 동물들을 함부로 죽이는 일을 아무렇지 않게 저지른다. 살생의 중죄를 어찌 다하려고 그러는지 모르겠다.

2 장

오직 모르고 모를 뿐이다

원조 시심마是甚麼 "이뭣고"

1,700개나 되는 화두話頭 중에서 가장 최초이면서 근원적인 화두가 '시심마是甚麼'로 우리말로는 "이뭣고"이다.

육조혜능六祖慧能(638-713) 대사가 어느 날 대중법회를 하던 중 대중에게 물었다.

유일물 무두무미 무명무자有一物 無頭無尾 無名無字
상주천 하주지 명여일 흑사칠上柱天下柱地 明如日黑似漆
상재동용중 동용중수부득常在動用中 動用中收不得
시심마是甚麼

내게 한 물건이 있는데 머리도 없고 꼬리도 없으며 형상도 없고 이름도 없으되

위로는 하늘을 떠받치고 아래로는 땅을 받치며 밝기는 태양과 같고 검기는 옻칠과 같은데

항상 동용動用하는 가운데 있으되 그 가운데 있으면서 거두어 얻

지 못하니

이것이 무엇인고?

하택신회荷澤神會(684-758)가 나서서 대답하였다.

제불지본원 신회지불성諸佛之本源 神會之佛性

모든 부처님의 근원이며 이 하택신회의 불성입니다.

"뭐라고 이름을 붙이려야 붙일 수도 없고, 뭐라고 모양을 그릴 수도 없는데, 어찌 네가 모든 부처님의 근본이며 신회의 불성이라고 말하는가?"라고 꾸짖으시며 "네가 나중에 열심히 수행해서 일가를 이룬다 해도 너는 진리를 사량과 이론적으로 따지는 학자 같은 지해종도知解宗徒밖에는 되지 못하겠구나."라고 하셨다.

이후 남악회양南嶽懷讓(677-744) 선사가 육조 스님을 찾아뵙고 절을 하자 육조 스님이 물었다.

"무슨 물건이 이렇게 왔느냐?"

이에 그만 입이 꽉 막혀서 대답을 못하고, 8년 동안을 "무슨 물건이 이렇게 왔느냐(甚是麼物 恁麼來)." 화두를 가지고 자나 깨나 정성을 들인 끝에 확철대오하였다.

그리고 다시 스승을 찾아뵙고 그 깨달은 바를 말씀드렸다.

"설사 한 물건이라 해도 맞지 않습니다."

육조 스님께서 재차 물었다.

"도리어 수증할 것이 있느냐?"

"수증할 것이 없지는 않습니다만 오염은 없습니다(修證卽不無 汚染卽不)."

이에 육조 스님께서 흡족해 하시며 쾌히 인가를 하셨다.

"너도 또한 그렇고 나도 또한 그렇다(汝皆如是吾亦如是)."

이렇게 해서 나오게 된 화두가 "시심마是甚麼"의 시조가 된 것이다.

화두 "이뭣고"는 부처님이 탄생하시기 전부터 모든 인류에게 주어진 커다란 숙제였다. 이것을 풀기 위하여 모든 동서고금의 성인들이 애써 봤지만 오직 석가모니 부처님 한 분만이 깨달으신 것이다. 이 물건을 진여眞如 불성佛性 자성自性 여래如來 마음 등 다양한 이름으로 표시하지만 우리는 "그놈"이 무엇인지 모른다.

아무리 오랫동안 경전을 독송하고 외울지라도 마음을 깨치는 데는 헤아릴 수 없는 세월이 흐른다 해도 어려운 것이다. 유식唯識에서도 궁극적인 깨달음의 경지인 구경위究竟位에 이르는 데 3아승지겁의 장구한 시간이 걸린다고 한다.

참선은 내 안에 있는 진여자성을 깨달아 금생에 견성성불하는 것, 즉 생사해탈이 목적이다. 그래서 자나 깨나 앉으나 서나 이 몸뚱이 끌고 다니는 "이것이 무엇인고?" "이뭣고"인 것이다.

사자교인獅子咬人 한로축괴韓盧逐塊, 사람이 고깃덩어리를 땅에 던지면 개는 그 덩어리를 쫓아 (밖으로) 가지만, 사자는 던진 사람(根本)에게 달려든다는 말이다.

그래서 중생들은 실체가 없는 그림자와 메아리에 끄달려 살며, 평생을 고깃덩어리를 쫓아 탐내며 살고 있기에, 마음이 대상에 의지하여 작용을 일으키는 모든 반연攀緣, 심의식心意識을 쉬라는 것이다.

육조 스님 말씀에 이런 말이 있다.

범우불료자성凡愚不了自性 불식신중정토不識身中淨土 원동원서願東願西
오인재처일반悟人在處一般 소이불언所以佛言 수소주처隨所住處 항안
락恒安樂

범부는 무식해서 자기의 성품을 모르기 때문에 자기 몸속에 있는 정토를 모르고 동쪽이니 서쪽이니 헤매며 찾고 있지만

깨달은 사람은 어디에 있으나 그곳이 그곳이라 마찬가지다. 그러므로 부처님께서 말씀하시기를 머무는 곳을 따라 항상 안락하다.

'생처방교숙生處放敎熟 숙처방교생熟處放敎生'이라. "익은 것은 설게 하고 설은 것은 익게 하라." 즉 세세생생 익혀서 익숙한 속된 습관(탐진치)을 설게 하고, 반야지혜를 살려 작용시켜 부처를 이루는 수행을 익게 하라는 말인데, 중생들은 마음의 때(속때)를 씻어 자성청정한 본래자리를 밝히려 하지 않고, 때를 벗기는 데 하루하루를 헛되게 보내고 있다는 말이다.

또한 바깥 경계에 집착하지 말고 '염기즉각念起卽覺'이라. 생각이 일어나면 즉각 알아차려라. 그러면 '각지즉무覺之卽無'라. 즉시 없어진다고 하여 무슨 말이든 즉각 받아먹고 화禍내어 마음속에 불을 지르지 말고, "이뭣고"로 한 박자 쉬고 비워서 내 마음속에 천불千佛의 자비심慈悲心을 내어 마음을 안심시키라는 말이다.

또한 내 수준의 식견識見으로 상대를 평가하지 말고, 조금 부족하여도 인정하고 수용하는 습관을 길들이면 그것이 정진精進이고 수행修行이다.

비운다는 것은 빼기이지만 결과적으로 더하기가 되고 곱셈이 되어 기하급수적으로 늘어나게 하며, 내 그릇을 키워주어 우주宇宙와 내가 하나가 됨과 동시에 복덕福德이 흘러넘치게 한다는 것이다.

"이 몸뚱이를 끌고 다니는 이것이 무엇인고?"
"이뭣고?"

"이"는 바로 언전대기言前大機인 반야지혜로써 일체만법을 들이고 내는 당처이며, 일체 제불諸佛의 불모佛母로서 "이뭣고"는 반야지혜를 살려 쓰는 대활구大活句인 것이다.

"이" 속에는 부처님의 암호 밀령이 다 들어 있고, 부처님의 지혜와 복덕이 구족되어 있고, 과거 억겁으로부터 지어온 업장과 습기와 번뇌 망상을 모두 녹여 주는 용광로鎔鑛爐이며, 지혜광명이 일천태양(태양의 +兆倍)보다 더 밝고 밝게 항상 비춰주고 있는 자가발전소自家發電所이다.

그러니 "이뭣고"는 바로 생활 속에서 우리는 여의보주如意寶珠를 굴려 쓰게 되는 것이다.

예로 화禍가 치밀어 오를 때, "이것이 어디에서 왔는고?" 하며 "이" 속에 넣어 버리면 자동적으로 분노를 가라앉히고 마음의 동요를 진정시켜 주는 아촉불阿閦佛이 되어 주며, 병病이 생기면 약사여래불이 되어 치유해 주고, 소원성취는 관세음보살이 되어 준다.

우리의 보리자성菩提自性은 본래 생사가 없으며, 부처님의 지혜智慧와 복덕福德이 구족되어 있고, 일체만물 만생을 들이고 내는 당처當處인 것이다.

이것을 믿는 것이 신심信心이며, 그 자리에서 아직 모르는 것을 깨닫고자 하는, 간절한 마음으로 "이뭣고" 할 뿐이며, 이분법적二分法的으로 알고 모르는 것을 초월超越한 오직 모르는 그 당처當處가 "이뭣고"인 것이다.

"이뭣고" 수행법

수행은 지금 이 순간 깨어 있는 것이다.

간화선看話禪에서 '간看'은 '볼 간看' 자를 써서 빛을 안으로 돌이켜 화두를 본다는 뜻인데, 동시에 오직 모르고 모르는 마음자리를 대의심大疑心으로 지어가는 것이다.

마음은 작용作用할 때나 않을 때나, 모양이 없기 때문에 있다고 할 근거가 없으며, 또한 그러면서도 대기대용大機大用으로 온갖 작용作用을 다하고 있기에 없다고 할 수 없다.

마음은 전도몽상에서 깨어나기 전에는 그 이치理致로는 알 수 없다. 유무有無를 넘어선 절대絶對 '없음' 가운데 머물러 쉬는 것이 곧 머무름이 없는 무주無住다.

제불보살께서는 언제나 이곳에 계신다. 그곳이 바로 눈앞에 환히 드러나 있지만, 무명無明에 눈이 가려진 중생들은 눈 뜬 장님이 되어 망상妄想 속에서 길을 잃고 방황하고 있다.

모든 중생이 생사를 윤회하는 것은, 의식意識이 인연을 좇아 조작하고 마음이 자기 집에 머물러 있지 못하고 밖으로 나가서 떠돌기 때문이다.

'심생즉종종법생心生卽種種法生 심멸즉종종법멸心滅卽種種法滅'이라. 한 마음이 일어나니까, 그에 따라 온갖 경계가 펼쳐지는 법이고, 한 마음이 없어지면 온갖 경계도 없어지는 것이다. 그러나 무념무상無念無想을 만들려고 하면 오히려 외도가 된다.

만들려는 그 마음이 본래 무념무상을 가리고 마음을 밖으로 찾아 나서게 하여 평지풍파를 일으키기 때문이다. 보리자성이 본래 청정하다는 것을 꼭 믿고 모든 망상을 내려놓으면 저절로 근본이 드러날 터인데, 원숭이같이 천지사방을 쏘다니며 온갖 좋다는 법法을 다 배워 쑤셔 넣어 알음알이만 가중시키니 소화도 못시키고 고향으로 돌아갈 날은 더욱더 아득하기만 한 것이다.

불법佛法은 본래의 청정심을 생활 속에서 "이뭣고"로 활용함으로써 우주宇宙의 기氣인 신통력神通力을 자유자재로 부리게 되는 것이다.

누구에게 억압당하는 느낌이 든다든지, 누구를 시기하거나 질투한다든지 하는 불쾌한 감정은 그 대상이나 사람에 대해 이전에 품었던 마음을 지키려 하는 데서 오게 되는 것이다.

그렇지만 세상의 모든 것은 시시때때로 변하게 되어 있다. 지금은 예전의 그 물건이나 사람이 아니라는 말이니, 이제는 더 이상 붙들고 있을 바보가 되지 말자는 것이다.

나무와 나무 사이에는 얼마간의 틈이 있다. 이것이 있기에 나무들은 함께 어울리면서 크고 작은 것이 서로 어우러져 본래의 제

모습으로 커다란 숲을 이루며 살아가고 있듯이, 사람이 함께 살아가는 것도 너와 내가 같아야만 한다는 생각을 내려놓을 때 각자 아름다운 꽃으로 피어날 수 있는 것이다.

화나 짜증이 났을 때 그것을 객관화하면 화가 조금 줄어들게 된다. 예로 옆 차선에서 달리던 차가 신호를 무시하고 끼어들었을 때 '차가 한 대 끼어들어 왔구나' 하고 "이뭣고" 하고 알아차린 후 그럴 만한 이유를 찾아본다. '가족이 위태해서 병원에 갈 수밖에 없는 상황이겠지'라고 화를 다스려보고 그래도 안 풀리면, '저 차가 내 차와 충돌하여 큰 사고가 나지 않은 것이 천만다행이네' 하고 감사의 마음을 가져 보면서 "이뭣고" 하면 그 화는 그대로 사라지게 될 것이다.

톨스토이는 "분노는 나약함의 증거이지 힘의 증거가 아니다."라고 말했고, 부처님은 자비가 분노를 이긴다고 하셨다. 우리가 베푸는 것만큼 중요한 것은 잘 참는 것이다.

진정한 행복은 지금 이 순간 살아 있음에 감사하는 데서 오는 것이고, 참나가 지금 자신의 마음을 "이뭣고"로 잘 살필 줄 아는 사람인 것이다.

화두話頭는 "아, 이런 것이구나!" 하는 이론적으로 중생의 사량, 분별심이나 교리적教理的으로 해결할 수 있는 것이 아니다. 이렇게 저렇게 따져서 알아맞히는 것은 활구活句 참선이 아니고 죽은 참선이다.

우리의 육체는 생로병사가 있고, 마음에는 생주이멸인 한생각이 잠시 머물렀다가 다른 생각으로 변해가지고 없어지고 마는데, 무량겁을 내려오면서 윤회를 하고 있는 것이다.

무슨 생각이 일어나건, 그것이 슬프고, 기쁘고, 노엽고, 괴롭고, 지울 수 없는 생각이건, 그 생각을 버리려고 애쓰지 말고, 또 그런 생각이 났을 때 '내가 쓸데없는 생각을 하고 있구나' 하지도 말고, 그 자리에 "이뭣고" 하며 딴 생각한 이놈이 무엇인가 물으면 묵은 업장業障이 소멸消滅되면서 생사를 해탈하는 묘妙한 방법이 되는 것이다.

우리가 생활 속에서 망상妄想이 일어나도 걱정할 필요가 없는 것이다. 망상이 일어나면 일어나는 그 자리에서 "이뭣고" 하는 것이 공부이기 때문이다.

진여불성은 냄새도 없고, 빛깔도 없고, 눈으로 볼 수도 없지만, 너무나 신령스럽고 묘妙한 것이라, 때와 인연에 따라 좋은 것, 나쁜 것 등 천만 가지 모양과 빛깔로 화현化現하게 된다. 그러니 성내는 놈, 슬퍼하는 놈, 원망하는 놈, 기뻐하는 놈, 아파하는 놈, 이 모두가 진여불성으로부터 일어나는 거동이요, 모습이니, 그놈을 버리려고 애쓸 것 없이, 바로 이놈이 무엇인고? "이뭣고" 하고 놓아간다면, 망상妄想한 생각이 일어날 때마다 부처의 참 생각으로 바꿔놓게 되는 것이다. 그것이 신구의身口意 삼업三業으로부터 벗어나 내 본래 고향에 이르는 가장 빠른 길이 된다.

보보비신업步步非身業

성성비구업聲聲非口業
염염비의업念念非意業

걸음걸음마다 몸으로 업을 짓지 말며
말마다 입으로 업을 짓지 말고
망상으로 생각의 업을 짓지 말라.

"이뭣고"가 최상승의 활구 참선이요, 정법임을 믿고 수행하는
불자에게는 그 번뇌 망상이 불보살의 손이요, 불보살이 극락세계
에서 보낸 반야용선般若龍船이 되지만, 이것을 믿지 않는다면, 윤회
의 굴레에서 벗어날 수 없는 원수怨讐가 되는 것이다.

성불로 가는 "이뭣고"

"이뭣고"는 아주 정성스럽고 지극하고 간절하게 오직 모르는 것에 대고 하는 것이다.

"이뭣고" 하는 것은 내 자성불自性佛과 마음속에 있는 마구니(貪瞋癡魔, 雜神)하고 치열한 전쟁을 하는 것이고, 일체 불안不安과 시비是非와 속박束縛에서 해방시켜 가장 자유롭고 존귀하고 행복하게 하는 것이니 만법萬法의 왕王이 되는 것이다.

"이뭣고"는 성불의 방문을 열고 들어가는 문고리 같은 것으로 "이뭣고" 당처가 부처님 마음자리라서 한생각만 뒤집으면 바로 부처님이 되는 것이다.

중생의 분별심分別心은 생사윤회의 길잡이가 되지만 "이뭣고"는 생사를 해탈케 하는 법이니, 너와 내가 없는 절대 행복만이 상존常存하는 극락세계極樂世界이다.

그러니 밥 먹으면서도 밥 먹는 이놈이 무엇인고? 걸을 때도, 일할 때도, 부르면 대답할 줄 알고 꼬집으면 아픈 줄 알고, 울고 웃을 줄 아는 이놈이 무엇인고? "이뭣고"밖에 없는 것이다.

경봉 선사鏡峰禪師(1892-1982) 사대의혹四大疑惑

① 자기가 자기를 모르니 이 몸뚱이를 끌고 다니는 주인공이 무
   엇인고?
② 소소영령昭昭靈靈한 이 마음자리가 어디에 있다가 부모의 태
   중胎中으로 들어간 것인가?
③ 죽으면 어디로 가는가?
④ 죽는 날은 언제인가?

이 네 가지 의문을 화두話頭 삼아 "이뭣고"로 깨치신 도인道人이
시다.

"그물에 천 코가 있지만, 고기가 걸리는 것은 한 코이다."

'종일수타보終日數他寶 자무반전분自無半錢分'이라. "종일토록 남의
보물을 세어도 반 푼어치의 이익이 없다." 하였다. "이뭣고" 이외
에는 모두 깨침과 거리가 먼 남의 집 살림살이를 하고 있다는 뜻
이다.

"보고 듣고 깨닫고 아는 주인공, 밥 먹고 옷 입고 대소변 보고
산송장 길 위에 끌고 다니는 주인공이 무엇인가?"

"이뭣고?"

"비록 금생에 견성성불見性成佛은 못하더라도, 정신이 집중되어
판단력과 기억력이 좋아지고, 어두운 생각이 밝은 생각으로 바뀌
고 마음이 안정되고 평화로워지며, 몸에 병病이 없어지고, 밝은 지
혜智慧가 농공상農工商의 경영하는 모든 일들을 다 성취되게 한다."
하셨다.

옛날 염관鹽官 스님 문하에 칠백여 명의 제자 중 쉬일 스님이 있었는데 나이가 50세가 넘도록 매일 대중大衆 스님의 뒷바라지만 하고 공부를 게을리하고 있던 차, 어느 날 저녁밥을 먹고 법당 옆을 지나가는데, 9척 장신이나 되는 험상궂게 생긴 놈이 시커먼 옷을 입고 우뚝 서 있는 것을 보고 깜짝 놀랐다.

'나'라는 아상我相이 남아 있으니까 놀라는 것이다.

"당신 누구요?"

"염라대왕이 당신을 데리고 오라고 해서 왔습니다."

"내가 스님 시봉과 대중들 뒷바라지나 하다가 공부를 못하고 이렇게 되었으니, 우리 스승인 염관 스님 법문을 들어보니 칠 일만 목숨 걸고 참선하면 해탈한다 하니 잡아가더라도 시간을 좀 주시오."

그러자 "내가 결정할 것이 못되니 염라대왕에게 허락을 받고 오겠다."고 하며 돌아간 즉시 바로 그 자리에 앉아 "이뭣고" 화두를 들었다.

바늘귀에 실이 쑥 들어가듯이 화두 삼매에 빠져버리니, 저승사자가 칠 일 후에 와서 그 시자를 아무리 찾아도 몸뚱이가 보이지 않자 그냥 돌아가 버렸다. 삼매에 들면 저승사자도 볼 수가 없게 되는 것이다.

인도 첩 존자는 70세에 출가하여 3년 닦아 아라한阿羅漢이 되어 삼명육통三明六通을 얻었고, 십대 제자 중 한 분인 교진여 비구는 3주 만에 깨달았으며, 경허 스님은 3개월 만에 화두를 타파하여 무사도인無事道人이 되었다.

누구나 반드시 해탈하겠다는 큰 원력願力을 갖고 수행하면 이루
어지게 되어 있는 것이다.

반야작용般若作用 과 "이뭣고"

앞생각이 어두웠을 때는 범부凡夫였지만, 뒷생각 깨달으면 곧 부처이다. 앞생각이 대상에 집착했을 때는 번뇌煩惱이지만 뒷생각이 대상을 떠나면 곧 보리菩提이다.

즉 중생의 망념妄念으로 보는 대상의 경계는 망경妄境이 되는 것이고, 보리자성만이 실상경계實相境界를 보는 것이다. 그러므로 범부가 곧 부처이며, 번뇌가 곧 보리이다.

반야般若는 다 자성自性으로부터 나온 것이며 밖에서 들어온 것이 아니다. 반야는 지혜智慧이니 언제 어디서나 생각 생각이 어리석지 않아, 항상 지혜롭게 행동하면 이것이 곧 반야행般若行이다.

한생각 어리석으면 반야가 끊어지고, 한생각 슬기로우면 반야가 일어난다. 마음을 쓸 때 잘못이 없으면 이것이 진성眞性의 자용自用이 된다. 작용作用하고 있는 성품이 자성이며, 청정법신淸淨法身의 용심用心이 자성自性이다. 그러므로 이 용심用心이 반야지혜의 작용이 되는 것이다.

선종의 직지인심直指人心 견성성불見性成佛은 인간의 본성을 대상화하여 보는 것이 아니라, 중생이 본래부터 깨달음을 지니고 있는 것을 아는 것이며, 이것을 알고 난 다음 불타가 되는 것이 아니라, 그 본성을 아는 것이 그대로 부처라는 것이다.

즉 성불은 불타가 되는 것이 아니라 본래 불타로 이루어져 있음을 깨닫는 것이다.

쌍차쌍조雙遮雙照라, 모든 차별적인 선악이나 유무를 완전히 초월하는 동시에 완전히 융합하는 것이 중도中道(부처)인데, 차遮와 조照, 즉 양변을 여읜다, 초월한다는 것은 구름에 비유해 보면 하늘에 구름이 끼어 있으면 해가 안 보이지만 구름이 걷히면 해가 드러난다는 의미로 여읜다는 말은 "구름이 걷힌다"는 뜻이고, 해가 드러났다는 것은 조照로 비춘다는 것이다. 쌍차쌍조, 즉 쌍으로 걷히고 쌍으로 초월하고, 쌍으로 비추고 쌍으로 통하여 모든 것이 융통자재했다는 말이다.

우리가 관세음보살을 염할 때 염불하는 나와 관세음보살이 둘이 아닌 하나(一心)가 되었을 때(쌍차), 쌍조의 반야지혜의 광명이 비치게 되며, "이뭣고"는 그대로 거짓 내가 빠진 자리에서 중도中道의 여의보주如意寶珠를 굴려 쓰는 것이며, 이것이 반야지혜의 작용인 것이다.

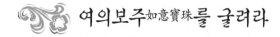

여의보주如意寶珠를 굴려라

'집지위아執之爲我'라. 우리의 몸은 잠시 머물다 가는 허상인데 이 것을 어리석기 때문에 집착해서 나라고 고집한다는 말이다. 마음 또한 잠시 모였다가 흔적 없이 흩어져 버리는 뜬구름 같은 것이다.

이조혜가 스님이 달마 스님에게 물었다.

"제 마음이 늘 불안합니다. 스님께서 제도해 주십시오."

달마 스님이 대답했다.

"그러면 그대 마음을 가지고 오너라."

혜가 스님이 대답했다.

"아무리 둘러보고 찾아보아도 불안한 마음이 없습니다."

달마 스님이 다시 대답했다.

"그러면 그대를 제도해 마쳤노라."

미워하고 사랑하는 마음이 어디에 있습니까? 그것이 있다고 착 각하니까 마음과 몸에 병이 생기는 것이다.

나한테 좋게 하면 애착심愛着心인 탐심貪心, 나한테 싫게 하면 증오심憎惡心인 진심瞋心, 이러한 사리事理를 바로 못 보는 것이 치심痴心인 것이다.

우주 전체가 바로 참나인 진아眞我인데, 어리석어 좁디좁은 성냥갑만한 공간에 스스로 구획정리해 놓고서 '내 것' '네 것'이라고 생각하고 살다가 갈 때는 그나마 생전에 아끼던 것 다 놓고 가는 게 우리네 인생이다.

우주 또한 중생업력衆生業力, 즉 하나의 중생이 아니라 무수한 중생의 생각, 생명의 힘인 공업력共業力이 모여서 원자를 만들어 천지우주가 창조된 것이다.

현대 물리학의 양자역학量子力學에서도 밝히고 있듯이, 일체 존재를 구성하는 근본 요소인 양자陽子 · 전자電子 · 중성자中性子 등의 소립자素粒子란, 우주에 충만한 장場 에니지(Energy of Field)인 광명의 광파光波로부터 인연 따라 이루어진 광입자光粒子임을 밝혀 일체 물질의 현상은 그대로 지혜 광명의 그림자임을 증명하고 있다.

부처와 극락세계를 자기 밖에서 구하고 찾는 것은 방편 염불이다. 부처님은 하나의 원리나 이치가 아니라 일체 지혜공덕의 생명 그 자체이기 때문에 나와 부처와 우주가 따로 아닌 자기 마음이 바로 부처이고 우주이며, 극락 또한 내 마음 안에 있다고 확실히 믿고 그 자리에서 하는 염불이 염불선이다.

예로 우리가 관세음보살을 염할 때 염불하는 나와 관세음보살이 따로 있다고 믿고 명호를 부르는 칭명염불을 많이 하는데, '역유수작권권전수亦猶手作拳拳全手'라, 마치 손을 쥐면 주먹이 되지만 펴면 다시 손이 되듯이, 본래 부처와 내가 톱니바퀴가 서로 물려 하나로 돌아가듯이 돌려야 하는데, 하나가 아닌 둘로 보기 때문에 기복祈福이 되고, 내 안에 있는 대기大機인 부처의 반야지혜 광명을 살려 쓸 수 없어, 업장 소멸은 물론 삶 속에서도 부처님의 여의보주如意寶珠를 굴릴 수가 없게 된다.

생동감이 없는 조화에 아무리 물을 주어도 새로운 꽃이 피지 않는 법이다.

대명사인 '산山'이나 '강江'을 약동하는 동사로 만들려면 "산은 푸르고 강江도 흐른다."라고 진행형인 'ING'를 붙이듯이, 우리가 병이 났을 때 이 병이 어디서 왔는고? "이뭣고" 하면 내 안에 있는 생불인 약사여래불藥師如來佛이 내가 빠져 버린 자리에서 우주의 생명인 반야지혜가 되어 직접 여의보주를 굴려서 병이 치유되는 것이다.

'여묘포서如猫捕鼠'라, 고양이가 쥐를 잡으려 노려보듯이 천지와 내 마음이 둘이 아닌 한 부처인 것을 일 초도 놓치지 않고 선이나 염불하는 것을 일상삼매一相三昧라 하고, '여계포란如鷄抱卵'이라, 무더운 여름에도 어미닭이 계란을 품고 공을 들이듯이 오랜 시간 일심으로 정성을 다하면 우리 마음의 번뇌가 자연적으로 녹아서 결국 부처가 되는데, 이것이 일행삼매一行三昧이다.

'줄탁동시啐啄同時'라, 계란 속에서 어미닭을 부르면 어미가 알을 쪼는 순간 병아리가 태어나게 된다.

　손바닥이 부딪치면 소리가 나는 것을 손바닥 연기緣起라 한다. 전생부터 닦아 온 수행의 꽃은 반드시 때가 되면 피어 열매를 맺게 되는 것이다.

여환삼마제 如幻三摩提

　『능엄경楞嚴經』에서 "묘각妙覺 중에는 전 존재를 있는 그대로 드러내 보이는 둥근 거울 같은 성품만이 있을 뿐, 어느 쪽을 취사선택할 수 있는 별도의 선택권도 없고, 중생들의 마음 같은 허망한 성질도 없는 것이다. 이 묘각을 이름하여 무엇도 범접할 수가 없는 묘련화라 하고, 그것은 무엇으로도 깨트릴 수가 없으므로 금강보각金剛寶覺이라 한다. 이와 같이 몸과 식심을 환상으로 꿰뚫어 보는 직관의 지혜를 '여환삼마제如幻三摩提'라 하고 이와 같이 닦으면 손가락 튕기는 사이에 배울 것이 없는 무학과無學果를 초월하리라." 하셨다

　우리의 마음 가운데 장식藏識인 아타나阿陀那란 미세한 식識이 수만 생의 인습으로 굳어진 것이 식심識心이다. 그 식심識心으로 일어나는 번뇌 망상이 마치 폭포처럼 흐르고 있다. 식심은 묘각妙覺의 여명으로 생긴 허망한 마음에서 일어난 것이고, 미혹하여 아득하면 곧 무명無明이요, 그것을 여의면 해탈이다.

그러나 허망에서 마음이 생겨 그 마음이 새끼를 꼬듯 식심識心을 비틀어서 육근六根이란 여섯 매듭을 만든 것인데, 그 매듭을 푸는 데는 육근 중에서 두루 통하는 의식을 택해서 감상을 따라 흐르는 식심을 두루 원만한 각성覺性으로 몰입시키면 마침내 정각을 이루리라.

그렇다면 묘각妙覺으로 몰입시켜 정각正覺을 이루는 가장 정확하고 빠른 길은 무엇인가?

"부모 미생전未生前 이 몸이 무엇인고?"
"이 몸뚱이 끌고 다니는 이것이 무엇인고?
"이뭣고?"

스스로 그 밝고 맑은 마음 가운데서 항상 쓰고 있는 식심을 취하면 환상幻想이 아닌 참마음까지도 도리어 환심을 일으키는 근본이 되느니, 만일 이것이다 저것이다 하는 분별심分別心을 취하지 않으면 환심幻心이다, 아니다 할 것도 없다.

그러므로 망상 같은 환심幻心도 생기지 않는데 어떻게 환심을 일으키는 마음이 성립되겠는가? 마치 허공에 뜬구름이 스스로 일고 사라지더라도 허공 자체 그 맑음에는 조금도 흔적이 남지 않고 언제나 여여如如한 것과 같은 것이다.

나이에 관계없이 무엇이든 자기가 즐기는 일을 하면 그 자체로 동기부여가 되어 우주의 에너지를 쓰게 되고, 성취의 위대함을 원한다면 그 위대함 속에 시간을 담으면 된다.

　그것은 하루아침에 완성되지 않고, 마법처럼 손짓 하나로 이루어지지도 않는다. 한 가지 즐기는 일을 택해서 열심히 하다보면 그 속에서 가치관이 형성되고 내 안의 불성이 반응하여, 무엇이든 제일의 달인으로 답을 주게 되어 있다.

　깨달음도 결국 작은 것들이 축적되어 완성되는 것이다. 우리가 "이뭣고?" 공부를 하겠다고 작심을 했다면, 흔히 낭비처럼 보이는 부단한 노력과 어떠한 어려움이 있다 해도 극복할 수 있는 용기와 실행이 뒤따르면, 꼭 금생에 성불成佛을 할 수 있게 되는 것이다.

경허 선사鏡虛禪師 참선곡參禪曲 중에서

홀연히 생각하니 도시몽중都是夢中이로다.

천만고千萬古 영웅호걸英雄豪傑 북망산北邙山 무덤이요

부귀문장富貴文章 쓸데없다 황천객黃泉客을 면할소냐

오호嗚呼라 나의 몸이 풀끝에 이슬이요 바람속의 등불이라

삼계대사三界大師 부처님이 정녕叮嚀히 이르사대

마음깨쳐 성불하여 생사윤회生死輪廻 영단永斷하고

불생불멸不生不滅 저 국토國土에 상락아정常樂我淨 무위도無爲道를

사람마다 다할 줄로 팔만장경八萬藏經 유전遺傳이라

사람 되어 못 닦으면 다시 공부 어려우니

나도 어서 닦아보세 닦는 길을 말하려면

허다許多히 많건마는 대강 추려 적어보세

앉고 서고 보고 듣고 옷을 입고 밥을 먹고(着衣喫飯)

사람 만나 대화(對人接話)하고 일체처一切處 일체시一切時에

소소영령 지각하는 이것이 무엇인고?

몸뚱이는 송장이요 망상 번뇌妄想煩惱 본공本空하고

천진면목天眞面目 나의 부처 보고 듣고 앉고 눕고

잠도 자고 일도 하고 눈 한번 깜짝할제

천리만리千里萬里 다녀오고 허다한 신통묘용神通妙用

분명한 나의 마음 어떻게 생겼는고 의심하고 의심하되

고양이가 쥐 잡듯이 주린 사람 밥 찾듯이 목마를 때 물 찾듯이

육칠십 늙은 과부 외자식을 잃은 후에 자식 생각 간절하듯

생각생각 잊지 말고 깊이 궁구하여 가되

일념만년一念萬年 되게 하야 폐침망찬廢寢忘饌(침식을 잊다) 할 지경에

대오大悟하기 가깝도다

홀연히 깨달으면 본래本來 생긴 나의 부처

천진면목天眞面目 절묘하다

아미타불이 아니며 석가여래 이 아닌가

"시심마是甚麽" "이뭣고?"

이 화두가 순일해지면 중생계의 익숙하던 세상사는 저절로 멀어지고, 생소하던 출세간사出世間事는 저절로 익숙해져 출세간의 반야지혜에 계합하여 무명업식無明業識과 끊임없이 사량思量하고 계교計巧하는 식정識情에 의한 중생의 삶에서 완전하게 해탈하는 지혜길이 열릴 것이다.

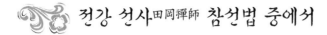

전강 선사田岡禪師 참선법 중에서

중생은 미迷한 그 고통으로써 그만 근본 취趣(중생들 자신이 지은 업에 의해 사는 세계-육도라고도 한다)가 되어 가지고 진리眞理는 꿈에도 보지 못했기 때문에 본래 없는 죄업이 항상 있어서, 그놈의 죄끼리만 죄만 받으러 따라다니는 것이 그것이 중생이다.

왜 그런가? '애착고愛着苦'니라, 미迷해서 그 모두 중생업에 애착愛着이 되어 그러하느니라.

이 몸뚱이 끌고 다니는 이 신령스럽고 뚜렷(昭昭靈靈)한 주인공은 오직 홀로 짝이 없다. 음陰과 양陽으로 나누어져 있고, 흑백, 선악, 부귀富貴, 귀천貴賤이 있는데, 이놈은 상대가 없다. 다그쳐 조이면 우리의 마음(方寸)에 있지만 펴 놓으면 우주법계에 편만遍滿해 다 있는 것이다. 눈 한번 깜박할 사이에 하늘도 올라가고 지옥도 가고 미국도 가고 소련도 가고, 한생각 돌리면 천사가 되기도 하고 잘못하면 찰나 간에 악마가 되는 것이다.

이 천연물을 사람마다 다 지니고 있건만 부처님이나 범부나 축생이나 미물에 이르기까지 차등이 없다. 다만 인연 따라 오고 가

되, 오고 간 바가 없다는 말이다. 그것을 찾는 최고의 방법이 참선법參禪法이다. 바른 법을 알아서 항상 그놈을 찾으면 언제나 거기에 있는 것이다.

"이뭣고."

이 도리를 깨달으면 생사 속에서 생사를 초월 해탈하는 것이고, 이 도리를 깨닫지 못하면 천자天子가 되고 왕王이 되고 장군이 되어서 천하를 호령한다 해도 이것이 다 꿈속에서 잠시 그러한 역할을 하는 것뿐이다.

보고 듣고 부르면 대답하고 성낼 줄도 알고 하는 그놈이 참나요, 바로 번뇌 망상 그놈 어디서 그 번뇌 망상이 일어났냐. 그 뿌리가 그 뿌리를 찾아야 하거든.

"이뭣고."

이 도리를 믿지 아니하면 영원한 참나를 가지고 있으면서도 만나지 못하고 항상 "이뭣고"를 하면 거기에서 자기를 찾을 수 있는 계기가 있는 것이다. 그 엄청난 보배와 그 좋은 옷 그 청난새(봉황새보다도 훨씬 더 크고 훌륭한 새)를 타고 천상에 올라가서 그 즐거운 시간을 보냈는데, 깨고 나니 간 곳이 없어, 천상도 간 곳이 없고 청난새도 어디로 날아갔는지 없고 그 엄청난 황금보장黃金寶藏도 간 곳이 없다. 그 호화찬란하게 입었던 칠보로 장엄한 옷도 간 곳이 없고 그냥 자기가 입고 있던 그 옷이요, 그 집이요, 자기더라.

세상의 어리석은 범부는 세상에 오욕락이 인생의 전부인 줄 알고 그것을 탐착하고 그 명예와 권리와 지위, 재산이 인생의 전부인 줄 알고 그것을 누리기 위해서 수단과 방법을 가리지 않고 패당을 지어서 서로 싸우고 헐뜯고 쇠고랑을 차고, 그게 다 꿈속의 황금보장이요, 꿈속의 청난새요, 천당이다.

그런 줄 확실히 믿고 깨달아서, 이 똥주머니, 피, 이 가죽 포대 속에 들어 있는 영원히 쓰고 써도 끝이 없는 이 참나를 깨닫는 것 외에는 이 목숨 바칠 것이 없느니라.

구산 선사九山禪師 참선법參禪法 중에서

이 몸을 지배하고 있는 주인공을 '마음이다' '넋이다' '얼이다' '본래면목이다' '자성自性이다'라고 부른다. 그러나 이는 모두 내게 있는 한 물건에 대한 이름이다. 그 이름을 떼어놓고, 그 자체가 어떻게 생겼는고? 이것이 무엇인고? "이뭣고" "시심마是甚麼"하고 끊임없이 참구하라.

이때에 망상이나 혼침이 들어오거든 "이뭣고"라는 화두를 들게 되면 구름 걷힌 하늘처럼 자연히 사라지고 상쾌해진다.

이것은 물질이 아니라서 잡을 수 없으니 허공이겠는가?

허공虛空이 선악善惡 시비是非를 판단할 수 있는가?

그러면 소소영령하게 아는 그 한 물건이 무엇인고?

다시 말하면 이 몸을 운전하는 주인공은 무엇인고?

대명사를 떼고 나니 마음도 아니요, 깨치지 않았으니 부처도 아니요, 주고받지 못하니 물건도 아니니, 이것이 무엇인고?

그래서 "이뭣고"라는 화두인 공안이 성립된다. 이 참선은 '대의지하大疑之下 필유대오必有大悟'라. 큰 의심에 큰 깨달음이 있나니 의

심 없는 것이 큰 병이 된다.

'명재일식지간命在一息之間'이라. 사람의 목숨이 숨 한번 들이쉬고 내쉬는 사이에 있으니 어찌 무상치 않은가?

어느 것을 '나'라 하며 믿을 곳이 어디인고?

곰곰이 생각하고 진정한 안심처를 찾으려면 선의 길을 결택하라.

화두는 팔만사천 번뇌 망상을 제거하는 청룡보검青龍寶劍이며 명약이니, 마음도 부처도 허공도 아닌 한 물건, 이것이 무엇인고? "이뭣고"를 참구하라.

이와 같이 참구할 때에 머리에 붙은 불을 끄듯이, 고양이가 쥐를 찾듯이, 어린애가 어머니 젖을 생각하듯이, 닭이 알을 품듯이 간절하게 지어가면 한번 앉으면 하루가 순간이고, 하룻밤 역시 찰나이다.

그때는 몸이 허공에 뜬 것 같고, 지구도 있는지 없는지 모를 지경이고, 몸은 허공을 날 것처럼 가벼워진다. 그런 때는 화두를 생각하려고 노력하지 않아도 저절로 화두가 성성惺惺하게 들리는 속에, 견성성불見性成佛은 다가오는 것이다.

불교에서 참선을 마음공부라 한다. 인체 감각을 통해 보고·듣고·냄새 맡고·느껴지는 모든 인식을 내려놓고 무엇이 남는가를 돌아보라는 의미이다.

외부의 어떤 대상은 우리의 감각기관을 통과하고 나서야 우리에게 인식된다. 즉 우주의 삼라만상은 인간의 감각과 지각에 의해서만 그 존재가 성립되는 것이다.

12처는 우리가 경험한 사실을 바탕으로 6근과 6경을 인식의 주체와 객체로 분류한다. 6근을 '들어오는 곳' 6경을 '들어오는 것'으로 구분한다.

이 말은 눈을 통해서 인식되는 것은 반드시 색깔과 형상뿐이며, 귀로 인식되는 것은 반드시 소리뿐이다. 역으로 살펴보면, 인간에게 눈이 없다면 모양과 색깔은 존재할 수 없고, 귀가 없다면 소리가 존재할 수가 없다. 냄새·맛·법法 또한 마찬가지다. 결국 인간과 세계는 서로 12처處의 상관관계 속에 존재한다고 볼 수 있다.

또한 인간은 감각기관으로 이루어진 몸과 정신 작용인 오온五蘊

의 결합체이다. 눈은 눈을 볼 수는 없다. 만약 눈이 눈을 보게 된다면 눈에는 보는 능력과 보이는 대상이 동시에 존재하게 되기 때문이다.

그래서 아침부터 저녁까지 일상에서, 듣거나 보고 웃거나 말하고 화내거나 즐거워하고 옳거나 그르거나 하는 갖가지의 행위와 동작을 하는데, 말해 보라! 필경 누가 이렇게 운전하고 행위하는가?

여기서 보조국사는 이 마음현상이 모두 텅 빈 본성本性, 신령神靈한 앎, 영성靈性의 작용이라고 한다.

자기의 신령스런 앎(靈知)이 참 부처임을 알지 못하고, 마음 밖으로 부처를 찾아 물결치는 대로 헤매다가, 홀연히 한순간에 빛을 돌이켜(一念廻光) 스스로 본래의 성품(本性)을 보는 것을 돈오頓悟라 하는데, 이 성품은 본래 번뇌가 없고 완전한 지혜의 성품(無漏智性)이 다 갖추어져 있어 모든 부처와 더불어 털끝만큼도 다르지 않다.

그러나 내 안의 불성을 자각은 했지만 오랜 세월 익혀온 습기習氣를 단박에 없앨 수는 없기에, 깨달음에 의지하여 수행을 꾸준히 하여 성스런 태(聖胎)를 길러야 하는데 이것을 점수漸修라 한다.

이것을 보조국사는 회광반조回光返照로 설명하고 있다. 회광은 밖으로 향하는 빛을 안으로 돌린다는 의미라면, 반조는 내면으로 돌아와서 돌이켜 비추어 보는 일이다.

이 몸뚱이를 끌고 다니는 이것이 무엇인고? 화두는 이런 회광반조를 발생시키는 발문이 된다.

본래 자기 성품인 고요함과 신령스런 앎인 공적영지空寂靈知를 한순간에 자각하도록 하게 한 것이다. 화두話頭는 반조되어야 한다. 반조는 습기를 제거해 진여로서 영성을 체득하게 만든다.

『기신론』에서 보면 생멸심生滅心이나 진여심眞如心은 두 개로 나누어지지 않는 모두 한 마음(一心)인 중도中道이지만 양자는 서로 별개처럼 작용한다. 생멸이면 진여가 아니고 진여이면 생멸이 없다.

우리는 회광반조를 통해서 신령한 앎(반야지혜)을 증득하고 신령한 앎에 의해서 습기를 녹여 성불하게 된다.

"오직 이 몸뚱이를 끌고 다니는 이것이 무엇인고?"

"이뭣고?"

참생명 나무아미타불

나무는 '돌아갈 귀歸' '목숨 명命' 자를 써서 참생명으로 돌아간다는 뜻이다. 크게는 생로병사와 작게는 삶 속의 여러 가지 괴로움, 두려움 등으로부터 중생이 절대 궁극窮極의 의지처依支處를 찾아가는 것이 종교이다.

절대는 상대나 대립이 없고 너와 내가 없는 일인칭인 하나의 참생명의 세계인 것이다. 불성佛性인 참생명은 부정이 없는 절대 긍정肯定, 행복이며, 생사가 없는 한생명인 중도中道의 불생불멸의 자리이다.

이 모양과 형상이 없는 절대무한을 청정법신淸淨法身이라고 한다.

우리는 본래부터 법신생명으로 부처의 성품性品을 가졌다는 뜻이다.

우주의 근본인 법신불法身佛에서 만물만생이 탄생되어 생명을 이어가고 있지만, 망상妄想을 일으켜 중생들이 괴로움에 허덕이니, 법신불法身佛이 자비慈悲의 마음을 내게 되지만, 눈먼 장님이라서 상相이 없는 법신불을 못보고 믿지 못하니까, 그 원력願力에 부응

해서 보신불報身佛로 나투신 분이 바로 아미타불이시다.

아미타阿彌陀는 시간적으로 영원하고 공간적으로 절대적이며, 우리와 언제나 함께하고 계시지만, 다시 전도몽상顚倒夢想을 일으켜 밖으로 상相을 찾아 헤매는 중생들을 구제하시기 위하여 화신불化身佛로 나투신 분이 석가모니불이시다.

즉 아미타부처님이 중생을 확실하게 제도하시려고, 특정한 인간의 모습으로 드러나신 분이니, 본래자리에서 보면 모두 아미타불이다.

부처생명은 미워해야 할, 다투어야 할, 원망해야 할 남이 없는 우리 모두가 본래부터 한 부처, 한 생명인데, 우리가 삶 속에 짜증나고 괴로운 것은 너무 아상我相이 강해서, "내가 편해야겠다. 사랑받아야겠다. 대접 받아야겠다."는 생각으로 겉과 속이 다른 상태에서 자기도 모르게 상대의 말이나 행동에 걸려 자기 이익 쪽으로 치우쳐 둘로 보기 때문에 내가 아닌 상대의 잘못으로 착각하는 데서 오는 것이다.

'유구개고有求皆苦'라. 무엇이든 구求하는 것이 있으면 그 결과에 따라 희비가 따르게 되지만, 그것도 일시적인 뜬구름 같은 허망한 것인데도 노여움이 되고 길게 가면 화禍가 되어 돌같이 무거운 스트레스가 쌓이게 되는 것이다.

화禍라는 것은 참으면 모든 병病의 근원이 되고, 폭발하면 죄罪가 되어 대가代價를 치러야 하고, 바로 알아차려 "이뭣고" 속에 넣어

버리면 사라지게 되는 것이다.

그래서 "이뭣고"는 문자와 언어를 떠난 불법佛法의 정수精髓로서 다겁생래多劫生來에 걸쳐 사다리를 타고 이루지 않고, 직통으로 부처와 일심一心이 되는 길을 꿰뚫어 하나가 되게 하며, "이"가 바로 아미타불阿彌陀佛이다.

오직 모르고 모를 뿐이다

중국 선종의 초조 달마대사가 중국으로 와서 대혁명을 일으켰는데, 경經 계율戒律 염불이나 송주誦呪를 다 부인하고 오직 '관심일법 총섭제행觀心一法總攝諸行'이라, "마음을 지키는 한 가지 공부에 모든 법이 들어 있다." 하고, '직지인심견성성불直指人心見性成佛'이라, "곧게 마음을 가르쳐서 대번에 성품性品을 보고 부처가 되게 한다." 하였다.

화두란 지금 우리에게 직접적으로 부딪히는 모든 장애와 관계된 마음의 성질이 화두話頭이다. 불법佛法 따로 화두話頭 따로 생활生活 따로 되어서는 어려움에 갇혀 움직일 수가 없다.

마음이 곧 부처이고 화두인 것이다. 부처니 중생이니 하는 것은 꿈속에서 하는 말이다. 본래 어둡고 밝고 알고 모를 것이 없으며, 온갖 속박과 고통을 새로 끊을 것도 없고, 대자유大自由와 대해탈大解脫을 비로소 얻는 것도 아니다.

깨달아 증득證得하려는 마음이 앞에 놓여 있기 때문에 장애障碍와 어려움이 따르는 것이고, 깨달음을 구하는 것은 자기 집 안방에 앉아서 자기 집을 찾는 격이다.

누구나 본래부터 그대로 부처인 것이고, 모든 생명은 본디부터 깨달음 그 자체이다. 그러므로 본래 깨달음(本覺)이라고 한다. 또한 깨닫는 자와 깨닫는 대상은 둘이 아니다. 둘이 아닌 것을 둘로 나눠놓고 깨달으려 하니, 남南과 북北이 갈라진 것이다.

옛말에 "공사에는 바늘 끝만큼이라도 용서할 수 없으나, 사정으로는 수레도 오고 가고 한다." 하였다. 그러나 중생이 아무리 본래부터 뚜렷이 이루어졌다고 하지만 천생天生으로 지혜智慧의 눈이 없어서 윤회輪廻를 하게 되는 것이다.

만약 세상에서 뛰어나는 금 칼이 아니라면, 누가 무명無明의 두꺼운 껍질을 벗겨 주겠는가?

지혜智慧를 굴려야 반야般若이고 공덕功德이 따라가야 바라밀이며, 절대궁극絕對窮極의 그 자리는 오직 모르고 또 모를 뿐이다. 그래서 "이뭣고"인 것이다.

또한 공부 중 혼침昏沈이 일어나는 때를 당하더라도, 뜻을 태산과 같이 세우고 마음을 바다와 같이 편안히 하여 포단에 단정히 앉아 심안心眼으로 단전丹田을 관觀하며, 천천히 의심疑心을 일으키며 "이뭣고" 하면 화두가 순일하게 이어지고, 몸이 허공과 같아지고 마음이 경쾌하게 되어 점차로 공부가 익어지게 되고, 쇳덩이를 다루어 황금을 만들게 될 것이니, 오직 모르고 모를 뿐인 그 당처를 간절하고 부지런히 "이뭣고" 할 따름이다.

명상冥想과 "이뭣고"

사마타는 마음을 하나의 대상에 고정시켜 고요하게 하는 삼매(定), 즉 마음과 대상을 하나 되게 하는 수행이고, 위빠사나는 마음지킴(念)을 통하여 특정한 대상으로 마음을 모으고, 그렇게 하여서 집중된 마음을 명확히 싸띠(sati), 숨 쉬는 것부터 일거수일투족을 알아차림으로 언제나 깨어 있음을 강조함과 동시에, 사념처인 몸(身)은 육체에 대하여 불결함을 통찰하여 무상·무아의 진리를 터득하게 하고, 느낌(受)은 즐거움과 괴로운 느낌을, 마음(心)은 탐욕·분노·어리석음을, 법法(darma)은 오온·사성제 등을 통찰하는 수행修行(통찰지, 慧)으로 수식관을 중요시 한다.

중국에서는 지관止觀으로, 선종禪宗에서는 정혜쌍수定慧雙修로 표현하고 있다.

그러나 마음이라는 것이 고요한 것만을 자꾸 찾다보면 고요한 '정靜'자에 묶이니 그것을 정각靜覺이라 하고, 법문만 듣고 법문이 머리 위에서만 놀고 업業을 털어버리고 마음 속 열반의 안락묘심을 체험하지 못하는 것을 법각法覺이라 하는데, 이것을 무기공無記

쏟이라 한다.

즉 닭이 무정란을 품고 있으면서 병아리가 나오기를 기다리는 것과 같은 대오선待悟禪을 하면서 성불을 기다리는 것이라고 『서장』에서 말한다. 마치 파리를 파리채가 아닌 손으로 잡으려고 애쓰는 것과 같다는 것이다.

선종에서 말하는 정혜쌍수가 되려면 오직 모르는 것을 알고자 하는 강한 의정이 분발되어 일념으로 반야지혜인 "이뭣고"로 관觀함으로써 돈오頓悟가 보장되는 것이다.

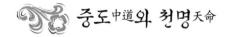

천지불능장구재天地不能長久在
황차소생천지간況且所生天地間
당당불수음양자堂堂不受陰陽者
역겁다생자재신歷劫多生自在身

하늘과 땅도 능히 장구하지 못하거늘
하물며 천지간에 생긴 사람이야 말할 것이 있겠는가
당당히 음양을 받지 않은 자라야
억겁다생에 자재한 몸을 이루리라.

천지 음양으로 갈라지기 전 그 자리가 불성佛性이며 원각圓覺인
법신法身은 음양陰陽으로 나뉘지 아니하고, 또한 모든 인연因緣을
따르지 않는다. 그래서 생멸生滅이 없다.

'중조동지숙衆鳥同枝宿 천명각자비天命各自飛'라. 새들이 나뭇가지

위에서 같이 살다가 하늘의 명에 따라 한 마리씩 사라지는 것과 같이, 인연생因緣生인 중생(色身) 역시 음양으로 된 것으로 천명天命을 어길 수 없는 것이다.

또한 자기 고집으로 망상妄想에만 의지하여 살고 있기 때문에 생로병사生老病死가 따르고, 고苦가 있고 무상無常한 것이다.

규봉 스님의 말씀에 이런 말이 있다.

"일체중생이 모두 신령스럽게 밝은 각성覺性을 갖추고 있어 부처와 다름이 없으므로, 그 바탕이 곧 법신임을 깨달으면 본래 스스로 생生이 없는데 무슨 사死가 따르겠는가. 다만 공적空寂으로서 자체自體를 삼고 육신肉身을 인정하지 말며, 신령스런 앎, 영지靈知로서 자기 마음을 삼고 망념妄念을 따르지 않으면 생사에 얽매이지 않는 자유자재인自由自在人이 되는 것이다."

부처님께서도 모든 경전에 유有를 설설說說하신 것은 일체중생으로 하여금 상相을 보고 선善을 내게 한 것이고, 무無를 설설說說하신 것은 일체중생에게 상相을 여의고 성性을 보게 한 것이니, 말씀하신 색色과 공空도 또한 다시 그러하나, 중생들은 집착하여 유有를 보되 진유眞有가 아니고, 무無를 보되 진무眞無가 아니니 색과 공 보는 것 역시 단상이견斷常二見을 일으켜 생사生死의 근대根帶를 이루게 되므로 중도中道인 불이법문不二法門을 보이신 것이다.

심수만경전心隨萬境轉
전처실능유轉處悉能幽

수류인득성隨流認得性
무희역무우無喜亦無憂

마음이 만 가지 경계에 따라 구르니
구르는 곳마다 깊고 미묘하도다
흐름을 따라 밝고 고요한 그 본성本性을 체득하니
기쁨도 근심 또한 없도다.

마라나 존자가 말한 이 마음이 진공묘유眞空妙有의 공空이자 그
바탕인 성품性品이다.

이 바탕은 인연因緣 따라 일어난다. 즉 성기性起인 공즉시색空即是
色이고, 인연이 다하면 돌아가는 색즉시공色即是空이다. 연기緣起가
성기로 전환되면서 바탕인 성품이 확연히 드러나 색과 공이 불이
不二인 일심법계一心法界로 회통會通되는데, 알고 보면 일체가 다 아
미타불의 나툼인 것이다.

중생의 생로병사生老病死는 연기법緣起法의 무명無明인 생生으로부
터 발생했는데, 이렇게 연기로 인연과 조건에 의해 가합假合된 이
몸을 자신과 동일시하며, 생멸生滅하는 것들, 즉 형상과 생각과 감
정 등의 만법萬法을 실체시實體是한다.

그러나 연기실상을 꿰뚫어 보는 것이 명明이며, 이 밝고 밝음이
반야지혜이다. 즉 연기로 가합된 환영의 실상을 꿰뚫어 보면 약견
제상비상若見諸相非相이며 그 바탕인 즉견여래即見如來가 드러난다.

그래서 법계法界의 실상實相은 그대로 불생불멸不生不滅이라는 진

리眞理를 부처님은 법法의 도장을 꽉 찍어서 무생법인無生法印이라 하신 것이다. 또한 연기법은 인과동시因果同時를 드러내고 있다.

예로 컵에 있는 물은 샘에 있을 때나 우리가 마셔서 몸속에 흡수된 지금이나 물 그 자체는 인연(원인과 조건)에 따라 피(血)가 되었다. '인연'이라 하면 다른 것으로 변하는 것이지 없어지는 것이 아니다.

우리가 살고 있는 집을 예로 들자면 가옥은 기둥과 천장, 벽, 기와 등으로 이루어져 있고, 땅, 공기, 햇빛을 통하여 우주로 연결되어 있지만 가옥家屋은 실체로서 존재하지 않는 제법무아諸法無我이고, 이름일 뿐이며, 끊임없이 변하고 있어 제행무상諸行無常이다.

'생주이멸生住異滅'이라. 우주의 법칙은 모든 사물이 생하여 머물다가 변화變化하고 소멸해 버리는 무상無常한 것이고, 만법의 생生은 태어났다 죽는 것이 아니라 멸하면 그저 인연 따라 옮겨갈 뿐이라는 것이다.

부설거사浮雪居士 게송에 이런 구절이 나온다.

생야일편부운기生也一片浮雲起
사야일편부운멸死也一片浮雲滅

태어난다는 것은 푸른 하늘에 한 조각 뜬구름이 일어나는 것이요 죽는다는 것은 한 조각 뜬구름이 흩어지는 것이다.

내 본래 성품性品자리는 만고萬古에 오직 푸르고 푸를 따름이다.

그 자리는 존비귀천尊卑貴賤이 없고 남녀노소의 차별이 없으니 들을 줄 알고 볼 줄 알면 다 얻게 되는 것이요, 산하석벽山下石壁이 막지 못하고 천상천하에 걸림이 없으니 크게 자유자재하는 것이요, 비롯함도 없고 마침도 없어 과거 현재 미래가 한 찰나이므로 고금古今이 없는 것이다.

본래 생겨 난 바가 없으므로 죽음도 없나니 그러므로 불생불멸하는 것이요, 천삼라지만상天森羅地萬像이 없는 것 없이 모두 구비하고 있으므로 천상천하에 가장 부富한 것이요, 영원무궁하도록 즐겁기만 한 것이니 본래 고苦가 없는 것이요, 산산수수山山水水 화화초초花花草草가 모두 불세계이니 극락세계를 따로 찾을 것이 없는 것이다.

두려움이 없는 것이니 본래 허망한 거짓 나(我)가 없기 때문이요, 허공虛空과 같아 한 점의 때가 없으니 일체 시비와 물욕에 물들지 않음이요, 바로 이 자리이니 눈썹 아래 눈이요 코 아래 입이요, 가장 평범한 것이니 설탕은 달고 소금은 짠 것이다.

또한 가장 비밀한 것이니 나타날 때에는 천지가 모두 그것으로 되 숨을 때에는 이를 찾은 자가 고금古今에 한 사람도 없으며, 불가사의不可思議한 것이니, 삼천대천세계를 한 티끌 속에 감추기도 하고 한 몸으로 천백억화신을 나투기도 하는 것이요, 광대하기가 한량없나니 가없는 허공이 이 속에서 생겨남이 마치 바다 가운데 한 거품이 일어남과 같은 것이다.

또한 크게 자비慈悲한 것이니 일체중생을 나의 친형제 자매와 같이 보는 것이요, 천도할 때는 지장보살이요, 자비로 중생을 구제할 때는 관세음보살이고 극락세계에서는 아미타불이다.

우리가 너와 나, 다툼과 시비가 없는 부처자리인 중도中道에 이르기 위해서는 집착執着과 망상妄想으로 쌓여 있는 보따리를 풀어 크게 한번 죽어(大死一番) 다음 생生을 받는 윤회輪廻의 주머니 영식靈識인 제8아뢰야식을 금생에 전환시켜 불지佛智인 대원경지大圓鏡智를 이루어야 생사生死의 고苦에서 벗어나는 해탈이 되고, 대광명大光明인 반야지혜를 굴려 불행이 없는 절대행복을 세세생생 누리게 되는 것이다.

그렇다면 우리 성품性品자리가 중도中道인 것을 깨닫기 위해서는 어떻게 해야 하는가?

나무꾼이던 육조혜능 스님은 『금강경』의 한 구절인 "응무소주이생기심應無所住而生其心"을 듣고 마음이 열렸지만, 이는 사람마다 근기에 따라 산에 오르는 길이 다르듯이 과거세에 닦고 닦은 열매(果)가 금생에 열린 것이고, 고층 건물을 오를 때 엘리베이터를 타고 곧바로 오르기도 하고 계단을 걸어 오르는 사람도 있는 것이다.

금생 성불成佛의 가장 빠른 길은 이 몸뚱이를 끌고 다니는 이것이 무엇인고?

형형색색의 우주 만물만생을 들이고 내는 이것이 무엇인고? 지금 관세음보살을 염念하고 있는 이것이 무엇인고? 부모미생전 본래면목은 무엇인고? 오직 "이뭣고"일뿐이다.

3장

수많은 나 속의 참나

생사가 없는 열반

세존미리도솔世尊未離兜率

이강왕궁已降王宮

미출모태未出母胎

도인이필度人已畢

세존께서 도솔천을 떠나지 않으셨는데

이미 왕궁에 강림하셨고

아직 어머니 태胎에서 출생하기도 전에

이미 중생들을 다 제도하셨다.

위에는 『화엄경華嚴經』 「이세간품離世間品」에 나오는 구절이고,
다음은 『금강경金剛經』 제29 「위의적정분威儀寂靜分」에 나오는 구절
이다.

여래자 무소종래如來者 無所從來

역무소거 고명여래亦無所去 故名如來

여래란 어디로부터 온 바도 없으며

또한 가는 바도 없으므로 여래라 이름하느니라.

이렇게 정각正覺(깨달음)을 이루어 본성품本性品을 견성見性하면 누구나 자유자재自由自在한 생사가 없는 묘용妙用을 부리게 되는 것이다.

세존께서 열반에 드시기 전에 사라쌍수 아래에서 "내가 여기서 열반에 들겠으니 가사를 네 겹으로 깔아다오."라고 하시며 슬퍼하는 제자들에게 "모든 대중이 진리에 의지해서 닦고 닦으면 모두 적멸寂滅의 불국토佛國土에 편안히 안주安住하리라."라고 하신 후 옆으로 누워 열반에 드셨다.

가섭존자가 7일 후에 당도하여 합장하고 "항상 모든 대중에게 생사가 본래 없다고 하셨는데 왜 이렇게 열반에 드셨습니까?"라 하니, 부처님께서 7촌 두께의 금관 밖으로 두 발을 내밀어 보이시니, 가섭존자가 합장 예배를 올리자 다시 두 발을 안으로 거두시어 생사일여生死一如의 묘법실상妙法實相을 보이셨다.

이것이 부처님께서 문자와 언어를 떠나 마음으로 전하신 이심전심以心傳心의 삼처전심三處傳心 중 곽시쌍부槨示雙趺이다.

부처님께서 도솔천에서 호명보살로 계시다가 가비라 왕국의 가

필라성에 정반왕과 마야부인 사이에 태어나셨으며, 16세에 야쇼다라와 결혼하여 아들 라훌라를 두시었고, 29세에 출가하시어 35세에 정각正覺을 이루시고 80세에 열반에 드셨다.

근세 러시아 불교의 본산인 바이칼 호수 근처 부라티야 공화국의 이불가사원의 수장이었던 다시-도르조 이티켈로프는 1927년 입적을 앞두고 '30년 후 자신의 묘를 열어 보라'는 유언을 남겼는데, 30년 뒤인 1957년 그의 삼나무 관을 열어보니 시신은 하나도 부패하지 않았고 73년에도 그대로였다. 입적 86년째 '자연미라' 상태인 등신불로 새로 건립한 아름다운 법당에 모셔져 있어, 고승의 기적奇蹟을 친견하기 위한 세계적 명소가 되어 있다.

중국 수당시대 선도대사善導大師(613-681) 게송이다.

인간총총영중무人間匆匆營衆務
불각년명일야거不覺年命日夜去
여등풍중멸난기如燈風中滅難期
망망육도무정취忙忙六道無定趣

인간이 바쁘게 일에 끄달려
목숨이 줄어드는 걸 알지 못하네
바람 앞 등불이 위태하건만
육도에 바빠 정처가 없네.

'조갑상토爪甲上土'라. 대지의 흙을 엄지손톱 위에 올려놓는 것만큼 어려운 인간의 몸을 받아 욕계欲界에 태어나 한철 소풍 온 것인데, 내가 어디에서 온 것인지, 사死라고 하는 이 몸 벗으면 어디로 가는지도 모르고 정처 없이 떠돌고 있으며, 내가 본래 부처건만 지혜광명智慧光明이 무명無明의 먹구름에 가려 살려 쓰지도 못하고, 탐욕貪慾을 나로 착각하고 살다가 다음 생을 받을 때, 캄캄한 어둠 속을 헤매며 끌려가게 되는 것이다.

원각산중생일수圓覺山中生一樹

개화천지미분전開花天地未分前

비청비백역비흑非靑非白亦非黑

부재춘풍부재천不在春風不在天

원각산에 나무 한 그루 돋아나

천지가 분간되기 전에 꽃을 피웠네

푸르지도 희지도 검지도 않은데

봄바람과 하늘의 뜻을 벗어났네.

　우주만물宇宙萬物을 들이고 내는 묘각妙覺인 내 보리 자성自性 자리에 한 그루 나무, 춘기春氣와 천지조화天地造化의 묘용妙用을 벗어나 우주宇宙가 벌어지기 전 생명의 꽃을 피웠는데, 색깔은 그윽하여 우리의 육안으로는 식별되지 않도다.

　이 참 생명의 꽃이 생사가 없는 진아眞我인 진여불성인데, 중생은 생각이나 말 이전의 성품을 등지고, 우리가 매일 쓰고 있는 감정과 생각은 실재 존재가 아닌 환상이고 그림자이건만, 본래 부처인 주인공主人公의 삶이 아닌 스스로 만들어진 환영幻影인 물체의 노예가 되어 밖으로만 헤매고 있는 것이다.

'염기염멸念起念滅 일여생사一如生死'라. 한생각 일어나고 한생각 사라지는 것이 생사라 한다. 즉 길게는 호흡지간에 있고, 또한 한생각(찰나, 75분의 1초)에서 생멸하고 있다. 한생각에 부처가 있는가 하면 지옥에도 축생畜生이 있는 것이다.

우리 중생은 육도六度인 인간계에 잠시 여행와서 한 철 살다가 다음 세계로 가게 되어 있다.

인간의 마음은 참되고 밝은 생멸이 없는 마음과, 생멸이 있는 육단심肉團心인 육신으로 이루어진 기관에 의탁해 있는 마음이다. 생멸하는 마음은 혼백魂魄의 정이니 혼은 양陽이요, 백은 음陰이다. 혼은 정精으로 바람과 불의 기운이요, 백은 바탕으로 흙과 물의 기운이다.

그러므로 사람이 죽으면 바람과 불의 기운이 먼저 위로 올라가고 차고 덩어리진 기운, 즉 물과 흙의 기운은 아래로 내려간다. 백의 바탕은 모두 부정한 것이다.

그래서 삼독심三毒心을 여의고 깨쳐 본래 부처자리에 들면, 불사선不思善 불사악不思惡이라, 선악의 인과를 뛰어넘어 생사가 없는 열반에 드는 것이다.

그러나 매시 찰나적으로 금생에 살면서 짓고 있는 분노憤怒 · 진

瞋은 지옥地獄이요, 탐심貪心 · 갈애渴愛 · 갈망渴望(목마름) · 불만족은 아귀餓鬼이고, 무지無智(어리석음)와 성욕 · 식욕이 강한 것은 축생畜生이다.

질투의 화신, 계속 의심하는 편집증 · 망상증, 공격성은 아수라이고, 자기밖에 모르는 이기심利己心과 강한 집착심執着心으로 가아假我(Ego)를 자기로 착각하고 살고 있는 것이 인간계人間界이고, 깨달아서 이고득락離苦得樂이 아니고, 잠시 고苦를 잊은 쾌락과 만족 상태가 천상계天上界이다.

이렇게 삼독심(貪瞋癡)을 소멸시키지 못하면 언제나 생生과 사死, 유有와 무無, 선善과 악惡, 행幸과 불행不幸 등 주主와 객客이 이분법적二分法的으로 양분된 제한적인 삶 속에서 윤회를 거듭하게 되는 것이며, 평소 화를 많이 내고 살면 다음 생은 물론 금생에서도 지옥을 사는 것이다.

또한 욕심은 에너지를 밖으로 나오게 하여 소모시켜 버리니 언제나 헐떡거리며 더 많은 것을 끝없이 채우고 채우려 밖의 살림살이에 매달리며 평생을 보내게 한다.

달마 스님께서 말씀하셨다.

"바깥의 모든 헛된 인연을 쉬고(외식제연外息諸緣), 안으로 더더하며 헐떡거리지 말고(내심무천內心無喘), 내가 본래 부처임을 알아 마음에 흔들림 없이 하면(심여장벽心如障壁), 이렇게 하면 도에 드는 것이다(가이입도可以入道)."

즉 청정한 마음에 더러움이 물들지 않도록 하고 평상심平常心을 갖도록 하라는 말씀이다.

객진번뇌客塵煩惱라. 우리의 번뇌煩惱 망상妄想은 빨리 떠나보내야 하는 손님인데 평생을 동거하면서, 희로애락喜怒愛樂을 같이하다가 갈 때는 캄캄한 육도의 길로 동행하게 되는 것이다.

또한 욕계는 말 그대로 욕심으로 가득 찬 세계라서 수행은 마음을 깨끗이 비워 집착병執着病에서 깨어나 본래 청정심을 이루어야 하는데, 그 비움의 무게에 따라 더 높은 다음 생의 여권을 받게 되는 것이다.

또한 강한 아상我相에서 나오는 분노가 치밀어 오를 때도, 바로 각覺(알아차림)하여 "이뭣고" 하며 한 박자 쉬면, 홍로일점설紅爐一点雪이라, 화로火爐에 떨어지는 한 송이 눈같이 녹여 버리는 것이다.

다음 생을 받는 주체와 부모

현대 생물학은 "새로운 인간의 탄생은 아버지의 정자가 모태에서 난자와 합쳐지는 기적 같은 순간에 시작된다."고 하는데 과학은 이렇게 물리적 요인으로만 설명되고 있으나, 불교에서는 "어머니가 수태기에 있고 아버지와 어머니가 결합하고 제삼의 간답바(Gandhabha)인 영식靈識 또는 연결식이 합류할 때 비로소 생명의 씨앗이 심어진다."고 한다.

부처님께서는 12연기의 두 요소인 무명無明과 행行(상카라)은 전생의 원인으로, 식識=정신精神+물질物質(명색名色), 감각感覺+접촉接觸(촉觸), 느낌(수受)은 현생의 결과로, 현세의 갈애渴愛(애愛), 집착執着(취取), 존재存在(유有)로 인해서 내생에 태어남(생生), (노老), (병病), (사死)이 일어난다고 설하셨다.

카르마 웨가(Karma-Vega)라고 하는 업력(Karma-Energy) 또는 업業의 형성력에 의해 조건지어진 혼魂의 의미를 가진 간답바(식識)가 행行(상카라)의 작용에 의하여 명색名色과 상호 의존적으로 다음 생生을 받게 되는 것이다.

그렇다면 상카라(행行)에서 어떻게 재생 연결식인 간답바가 일어나는가?

유유상종類類相從이라. 끌어당김의 법칙은 비슷한 것끼리 서로 끌어당기게 되어 있어 과거(前生)의 선善하거나 불선不善한 업業 형성력에 따라 행行에서 식識으로 이어지게 된다.

예로 세상의 모든 물체는 다 진동(Vibration Frequency)하고 있다. 인간은 7.8Hz인데 지구의 진동수도 7.8Hz이다.

염력念力과 생각은 자석(Magnet)이고 진동수振動數(Vibration)가 있다. 그것은 우주로 전송(Transmission)되어 같은 주파수에 있는 비슷한 것들을 끌어당긴다.

전송된 것은 모두 원점으로 돌아가는데, 그 원점이 바로 당신인 것이다. 그래서 다음 생을 받는 주체(씨)는 인과응보因果應報의 법칙에 따라 내가 지은 업業에 따른 것으로 부모는 다만 그 씨앗을 키워주는 환경을 만들어 줄 뿐이다.

즉 부모의 염색체는 이어받지만 현생의 자기의 역할과 소임은 자기가 가지고 오는 것이지, 부모 탓이 아닌 것이다.

끝없는 우주여행

금생은 우주 공간에 존재하고 있는 수많은 신비스러운 세계로 여행을 준비하기 위한 대기소이며, 또한 사死는 우리가 사용하던 가죽 포대를 벗어 버리는 공항의 환송대인 것이다.

부처님 말씀이다.

약인욕지전생사若人欲知前生事
금생수자시今生受自是
약인욕지래생사若人欲知來生事
금생작자시今生作自是

만약 전생의 자기를 알려면
금생의 자기를 보면 알 것이요
만약 다음 생의 자기를 알려면
금생에 지은대로 가는 것이다.

그래서 금생에 깨치면 육도윤회의 굴레에서 벗어나 생사가 없는 대자유인大自由人인 부처가 되는 것이요, 그렇지 않으면 자기가 지은대로 다음 생을 받게 되는 것이고, 우리가 태어난 이 욕계欲界인 지구는 다음 세계로 떠나기 위한 탐욕貪慾을 비우는 수행의 도량인 것이다.

과학적으로도, 최근에 지구에서 500광년 떨어진 곳에서 생물이 살 수 있는 조건을 갖춘 지구와 비슷한 '케플러-186f'라는 행성行星을 발견했다고, 2014년 4월 NASA가 발표했다.

하늘의 세계

먼저 지거천地居天은 땅기운이 미치는 곳으로 4왕 천위의 32천까지를 말하고 토성이나 북두칠성北斗七星 같은 별들이 여기에 속한다. 사대왕천, 도리천, 남섬부주 등이 있다.

다음 공거천空居天은 야마천 이상을 말하고 땅기운을 떠난 것으로 보다 순수한 세계이다. 수성, 금성 같은 별이 있다.

하늘의 종류는 사왕천 이상 28천, 사왕천 이하 4천 등 모두 32천으로 되어 있다.

욕계육천欲界六天은 삼계 가운데 가장 아래에 있으며 성욕, 식욕, 수면욕 등의 욕망을 가진 생물들이 사는 곳이다. 지옥, 아귀, 축생, 아수라, 인간과 사왕천, 도리천, 야마천, 도솔천, 화락천, 타화자재천 등의 육욕천六欲天이 여기에 속한다. 인간이 살고 있는 남섬부주南贍部洲 등 4주 세계의 중앙에 수미산이 우뚝 솟아 있으니 물 위와 물 밑으로 팔만사천 유순(1유순은 소달구지가 하루 갈 수 있는 거리로 32km, 80리)이다.

네 가지 보배로 이루어져 금륜 위에 우뚝 솟아 있는데 둘레에 7산8해가 있고 꼭대기 제석천 중턱에 사왕천들이 거주한다.

사천왕은 33천, 즉 도리천의 천주인 제석천을 섬기며 8부 귀신들을 지배하여 불법에 귀의한 사람들을 보호한다. 인간과 같이 남녀가 혼인하지만 태로 낳지 않고 화생化生하며, 두 몸이 가까이 있음으로써 음양이 이루어지며, 키는 반유순이고 수명은 1백 세이며 인간의 50년이 하루가 된다.

도리천은 사왕천 위로 33천으로 불리는 도리천이 있는데 수미산의 정상에 산다. 한 벽이 2천5백 유순의 정면체이며, 높이는 1.5유순이고, 성벽은 7겹으로 되어 있으며, 999개의 성문이 있고 모두가 순금으로 되어 있다. 성城 한가운데에 삼십삼천을 관장하는 수승전殊勝殿이 있는데 이궁전은 제석천의 것이다.

도리천 사람의 키는 한 유순이고 수명은 천 년이며 인간의 백 년이 하루가 된다. 서로 껴안음으로써 음양이 이루어진다.

야마천은 수미산 정상으로부터 8만 유순 위에 있으며 넓이는 8만 유순 제곱이다. 낮과 밤의 구별이 없고 언제나 밝은 광명으로 환희에 가득 차 있다. 여기에는 다툼이 없으며 키는 두 유순이고 수명은 천 세이며 인간의 이백 년이 하루가 되며 남녀가 가까이 서면 음양이 이루어진다.

도솔천은 야마천궁으로부터 18만 유순 떨어진 공중에 넓이는 8

만 유순 제곱으로 장차 부처가 되실 미륵보살이 살고 계시며 석가모니부처님도 이곳에 계셨다. 키는 네 유순이고 수명은 4천 세이니 인간의 4백 년이 하루가 되며 남녀가 손을 맞잡으면 음양陰陽이 이루어진다.

화락천은 도솔천 위 32만 유순 위에 있으며 넓이는 8만 유순 제곱이다. 이곳에 사는 천인은 스스로 즐거운 환경을 만들어 환희와 환락을 누린다. 수명은 8천 세이며 인간의 8백 세가 하루이며 한참 마주보면 음양이 이루어진다. 키는 8유순이다.

타화자재천은 화락천에서 64만 유순을 올라가면 있으며 아래 하늘들에 사는 천인들의 즐거움을 굽어보고 스스로도 즐거워하면서 산다. 무엇 하나 부족한 것이 없고 완전히 자유롭고 온갖 기쁨과 즐거움을 맛볼 수 있으며 허공을 날아다닌다. 키는 16유순이며 수명은 1만6천 세이니 인간의 1천6백 세가 하루가 되며 잠시라도 마주보면 음양이 이루어진다.

이곳의 우두머리를 마왕魔王이라 부르며 수명은 3만2천 세이고 마왕천 아래로는 모두 시집 장가가는 법이 있어 인간과 같다. 그러나 북울단월의 사람은 나와 내 것이 없어 나뭇가지가 드리우면 남녀가 어울릴 뿐 시집 장가드는 법이 없다.

색계色界 18천天

제석천궁의 위쪽 128만 유순 떨어진 곳에 있는 범중천의 세계로 천인天人이 거주하며 이곳 중생들은 음욕을 떠나 더럽고 거친

색법에는 집착하지 않으나 미세하게 묶여 있으므로 색계라 한다.
키는 반 유순, 수명은 1겁이다.

범중천의 위쪽 256만 유순 떨어진 곳에 범보천의 세계가 있고
그 위의 512만 유순 떨어진 곳에 대범천이 있다. 키는 1유순이고
수명은 1겁이다.

무상천의 수명은 5백 겁, 무변천 1천 겁, 무열천 2천 겁, 선견천
3천 겁, 선현천 4천 겁, 색구경천 5천 겁 등이다.

4선천에 여덟 종류의 단계가 있으며 5종은 아나함이 사는 곳인
데 이를 정거천淨居天이라 부르고, 3종은 범부와 성인이 함께 살고
있다.

여덟 종류의 단계를 지나면 대자재천大自在天이 있는데 십주보살
이 사는 곳이다. 이곳은 아름다운 물질로 이룩된 세계이며, 미묘한
음성과 아름다운 빛깔과 향기가 가득하고 물질에서 만족함을 취
하지 않고 깊은 선정禪定 속에서 무한한 낙樂을 즐긴다.

무색계無色界 4천四天

4천 중 공무변처空無邊處는 색계에 관한 관념을 모두 끊고
광대무변한 허공虛空으로 하나가 된 하늘로 참으로 이 몸속에서
허공을 관찰하고 언제나 몸은 허공 같다고 생각한다.

색상色想이 생멸生滅의 무상無常에 속하므로 이를 초월한 선정을
닦아 얻어진 경계이다. 이곳에 나는 식체識體는 남근男根이 없고 수
명은 만 겁이다.

비상비비상처非想非非想處는 생각의 경지를 초월하였으나 그 생각하는 의식의 종자는 아주 없어진 것이 아닌 세계이며 수명은 8만 겁이다.

이러한 하늘나라도 완전히 번뇌煩惱가 끝난 단계가 아니기 때문에 과보果報에 따라 다시 윤회를 하면서 생사의 고통을 받아야 하므로 금생에 성불해야만이 이 삼계를 벗어날 수 있는 것이다.

인간세계人間世界

인간세계를 동서남북 4개의 주로 나누고 수미산須彌山 남쪽 칠금산과 대철위산 중간 바다에 우리가 살고 있는 염부제閻浮提(南贍部洲)가 있다.

인간의 수명은 1백 세이고 키는 3주 반(1주=50cm)이다. 지금은 1백 세이지만 이 소겁이 지나면 수명은 8만 세에 이르고 미륵불이 출현하는 시기가 된다.

구야니 키는 3주 반이고 수명은 이백 세이다.

불우제 키는 3주 반이고 수명은 삼백 세이다.

울단월 얼굴은 네모가 반듯하며 키는 7주이고 수명은 천 세이다.

염부제 사람들은 여러 가지 밥과 밀가루 어육을 주식으로 하고 의복과 세욕洗浴을 한다. 염부제, 구야니, 불우제 사람들은 시집가고 장가도 든다.

울단월은 북구로주北俱盧洲에 속하며 사람들은 신체와 얼굴이 서로 같고 몸과 몸이 서로 부딪혀 음양을 이룬다. 남녀가 음욕을 일으

킬 때는 여자를 바라보고 앞장을 서서 숲속으로 가면, 부친이나 모친의 골육이 아니면 가지와 잎으로 그늘을 지어 그들을 덮어주면 1일에서 7일 동안 즐기고, 여인이 태기가 있으면 7일 만에 아이를 낳고 7일 만에 성인이 되며 목숨이 다하면 시체를 장엄하여 네거리 길에 두면 우위선가라는 새가 물어다 다른 곳으로 옮겨간다.

또 대소변을 볼 때 땅이 갈라지고 변을 마치면 땅이 스스로 합한다. 구슬의 빛으로 솥 아래를 지피면 멥쌀밥이 된다. 그리고 중간에 죽지 않는다.

이곳 사람들은 가장 큰 즐거움은 누리지만 마음에 그리워하거나 쌓아두는 것이 없다. 그러나 부처의 출현은 남섬부주에 국한된다. 인간이 십선행을 닦으면 이곳에 태어날 수 있다.

극락세계極樂世界(淨土)

태양에서 지구까지 오는 시간은 8분 17초이고, 거리는 1억 5천만km이다.

은하계銀河系의 둘레는 30만 광년, 넓이는 6천만 광년이라고 하고 이러한 은하계가 북두칠성국좌北斗七星局座 안에 무려 백만 개 이상이나 들어 있다고 한다.

그런데 우리가 지향하고 있는 아미타불이 계시는 극락세계는 10만억 국토를 지나 150억 광년을 가야 하나 우리 불자들의 십념十念 왕생발원의 원력으로 부처님의 가피를 받으면 한순간에 이를 수 있는 곳이다. 아미타불의 크기는 미국에 있는 엠파이어스테이트빌

딩(110층) 크기만 하다.

하품연화는 인간 세상에 있을 때 망상과 욕심이 많고 업業을 지닌 채 왕생하는데 모두 황금으로 이루어졌고, 은은히 빛을 발하여 투명하게 보이고 남녀로 구분하는 상相이 없고, 하품하생은 연화에 화생한 후 연화 안에서 생활한다.

이곳의 연꽃의 크기는 1리에서 3리까지 크기가 다르고 높이는 3-4층 정도인데 다 빛을 발하고 있고, 낮에는 연꽃에서 나와 예불, 독경, 유희 등을 한다.

우리 사바세계에서 수행하면 35년 안에 중품 혹은 상품상생에 도달할 수 있으나 이곳 하품하생에서는 약 십 겁(일 겁은 1,679만 8,000년)이 지나야 한다.

극락세계에서는 설사 하품하생에 태어나도 절대로 팔고八苦가 없으므로 극락이라고 한다. 이곳의 연화지의 팔공덕수로 자주 목욕을 하면 마음속의 망상이 없어지고 차츰 청정심을 회복하게 된다.

중품연화는 범부와 성인이 한 곳에서 생활하고 있으며 이들은 금생에 많은 불사와 보시를 하고 효도하며 삼계를 떠나고자 부지런히 수행한 자들로서 임종 시에 아미타불, 관세음보살, 대세지보살님이 인도하시며 수행에 차이가 있는 고로 상·중·하로 구분된다.

이곳의 의복은 모두 한 모양으로 사물에 장애가 되지 않고 나이는 20세 전후의 모습이다.

상품연화는 상품상생의 중생은 망상이 완전히 없고, 6근이 청정

하며 이미 보살의 경계이기 때문에 자유자재하다. 이곳은 더욱 장
엄하며 빛과 맑은 향을 내고 있으며 연화 가운데 화려한 다리가
있다. 음식은 무엇이든 자기가 생각하는 대로 나타나고 이곳의 수
행 방법은 정토선으로 일심염불과 참선을 하고 있다.

또한 연화탑이 있는데 전체가 투명한 금빛으로 되어 있고 은은
하게 나무아미타불 소리가 흘러나오고 그 크기는 인간이 상상할
수 없을 정도로 지구를 수십만 개 합한 것보다 더 크며 몇 백억 제
불 정토와 모든 중생들의 정경을 다 볼 수가 있다.

이 여행은 우리의 수행修行의 과果로서 삼선도三善道(천상 · 인간 ·
아수라) 위의 하늘나라이지만 삼악도三惡道(지옥 · 아귀 · 축생)에 들
면 광명光明을 등지고 캄캄한 암흑의 세계로 떨어져 버리게 되는
것이고, 깨치면 극락정토極樂淨土가 발도 떼지 않고 이를 수 있는
바로 내안에 있는 것이다.

자성미타自性彌陀

옛날 부처님께서 설산동자라는 수행자였을 때의 일이다. 어느 날 산에 홀로 앉아 수행하고 있는데 어디에서 미묘한 노랫소리가 들려왔다.

제행무상諸行無常
시생멸법是生滅法

세상에 모든 것은 무상하여 영원한 것은 없나니
이것이 나고 죽는 법칙이라네.

설산동자는 그 뒤에 무엇인가 이어지는 노랫소리가 더 있을 것 같다는 생각을 하며 찾아가 보니 나찰 한 분이 허기가 져서 누워 있었다.

설산동자가 다음 구절을 마저 불러달라고 하자, 배가 고파서 할 수 없다 하기에, 자신의 몸이라도 먹이로 주겠다고 약속하니 마저 불러 주었다.

생멸멸이生滅滅已
적멸위락寂滅爲樂

나고 죽는 일이 함께 사라지면
이를 일러 고요한 즐거움이라 하네.

설산동자는 노래의 뒤 구절을 듣는 순간 절벽 아래로 몸을 던져
버렸다. 이때 나찰은 제석천왕으로 변하여 동자의 몸을 받아 털끝
만치도 다치지 않게 했다고 한다.

인아개공人我皆空
불래불거不來不去
생사자시하물生死者是何物

너와 내가 본래 없어
오고 가는 것 없는 빈 허공인데
나고 죽는 자는 무엇인고?

가죽 포대 벗어나면 생사 없는 해탈인데 무엇이 그리워서 비우
지 못하는가?

고로古路에 초자청청草自靑靑이라

옛길에 풀은 스스로 푸르고 푸르도다.
억!

야운野雲 스님 게송에 이런 구절이 있다.

인아산붕처人我山崩處
무위도자성無爲道自成
범유하심자凡有下心者
만복자귀의萬福自歸依

산이 무너지는 절박한 어려운 상황에 처하여 있다 하여도
자기를 바로 세워 도道를 이루고
어느 누구에나 하심下心하면
만복이 절로 찾아든다.

'즉사이진即事而眞'이라. 바닥까지 사무치는 처절한 심정으로 정
성을 다하여 노력하면, 어떠한 어려운 일이라도 능히 이룰 수 있
고, 또 공적영지空寂靈知한 본래 성품자리와 하나가 되는 것이다.
'불신충만어법계佛身充滿於法界'라. 청정법신비로자나불은 이 허공
법계에 두루하여 일체 만물만생으로 나투어 있고, 우리의 가죽 포
대 안에 머물러 숨 쉬고 있는 생명 자체이므로, 이 가죽 포대가 진
불眞佛 즉 살아 있는 부처를 모시고 다니는 이동 법당이며 적멸보

궁寂滅寶宮이라 하는 것이다.

만공滿空 스님이 금강산 비로봉에서 지으신 선시이다.

　단공불휴객短筇不休客
　정당보덕굴正當普德窟
　빈주불상견賓主不相見
　친여수수성親如水水聲

　객이 짧은 지팡이 짚고 쉬지 않고
　보덕굴에 당도하였는데
　주인을 친견하지는 못하였으나
　친하기가 물과 물소리 같도다.

　보덕굴에 찾아간 중생과 도량 주인인 관세음보살, 이 두 개체個體가 친하기가 물과 물소리 같다하니, 물이 없이 물소리가 있을 수 없고, 물 흐르는 소리가 나는 곳에 물이 없을 수 없는 것이다. 결국은 하나라는 뜻이다.

　탐 · 진 · 치 삼독심三毒心의 혹惑만 떼버리면, 빈 허공虛空과 하나되어, 유심정토唯心淨土이고, 자성미타自性彌陀라, 내 마음이 극락정토이고, 내가 바로 아미타불이고 관세음보살인 것이다.

진짜 부처

산에 나무들이 오랜 세월 풍화 작용에 의하여 낳고 죽음을 거듭하여 쌓이고 쌓인 것이 석탄이 되듯이, 우리의 깨달음도 금생성불 今生成佛을 원력으로 피나는 수행의 결과에 따라 얻어지는 과果인 것이다.

삶 속에서 성공 또한 이와 같다. 먼저 삶의 목표가 세워지고 다음으로 이루고자 하는 큰 뜻이 따라야 하고, '무한부득無汗不得'이라, 땀이 없으면 얻어지는 것은 아무것도 없다는 뜻이다.

나무가 자라 꽃을 피우고 좋은 열매를 맺으려면 좋은 환경과 기름진 땅과 계속되는 손길이 뒤따라야 하고, 공功을 들여야 한다.

그 다음은 부처님의 반야지혜般若智慧를 활용함으로써 얻어질 수 있는 것이다.

그런데 실제로 병고나 생활고 등 급한 일이 닥쳤을 때 현실에 있어서는 어떠한가? 보통 불심이 깊은 신도들 이외에는 사주를 보러 가거나, 무속인에게 또는 점쟁이에게 가서 매달리게 된다.

본래 화복에는 문門이 없는 법이다. 오직 이 마음의 소작인데, 세상 사람들은 미혹하여 내 안의 불성은 잊어버리고 밖으로 신神과 하늘을 섬기며 명命을 구하고 복을 빌고 있는 것이다.

우리 불교에서는 신을 초월하여 법신法身이 있고 영혼 위에 참나인 진인眞人이 있음을 알아야 한다. 그것을 증득하는 것을 구경으로 삼는데 육신과 신神과 영혼靈魂의 근본이 법신이다.

그 근본을 잃어버린 육신과 신과 영혼이 서로 교환 이동하여 업에 따라 다음 생을 받은 것이 사바세계의 인간인 것이다.

또한 신神이 아무리 신통자재한 최고의 신神으로 인류의 화복을 주재한다 하더라도 육체를 갖추지 못한 사邪인 것이며, 신神, 즉 산신·지신·일월성신·용신·풍신·성현聖賢 등은 우리의 의지처가 못되는 것이다.

오직 천상천하를 통하여 시방세계에 가득차고, 삼세고금三世古今을 머금은 무량수無量數의 영원불멸永遠不滅의 진리가 있으니 이것이 진여불성眞如佛性이며 원각圓覺이고 중도中道이며, 우리의 본래 고향인 것이다.

우리는 여기에 귀의하여야 하고, 바른 수행으로 깨쳐 생과 사의 고苦가 없는 자유자재自由自在한 법신인 부처를 이루는 길밖에 다른 길은 절대 없는 것이다.

어떤 학인이 조주趙州 스님에게 물었다.

"어떤 것이 부처입니까?"

조주 스님이 다시 되물었다.

"진짜 부처를 묻느냐, 가짜 부처를 묻느냐?"

"부처에도 진짜 부처가 있고, 가짜 부처가 있습니까?"

이에 조주 스님께서 말씀하셨다.

"삼세제불三世諸佛과 역대조사歷代祖師는 다 가짜 부처이고, 지금 나에게 물어보고 있는 네가 바로 진짜 부처이다. 내가 눈으로 물건을 볼 수 있고, 코로 냄새를 맡고 있고, 혀로 쓴맛, 단맛을 볼 수 있고, 바늘로 몸을 찔렀을 때 아픔을 느낄 수 있는 이것이 네 부처의 성품이기 때문에 그게 바로 진불眞佛이니라."

마음이란 무엇인가?

여기에 한 물건이 있다. 그것은 이름도 없고 모양도 없다. 무한한 과거에서부터 있었고, 미래에까지 있다. 천겁千劫을 지나도 옛것이 아니고, 만세萬歲를 지나더라도 항상 지금 그대로다.

그래서 이 지구가 수명이 다하여 끝날 때 괴겁壞劫의 불길이 일어나서 저 바다를 다 태우고 히말라야산과 태산이 서로 부딪혀서 가루가 되더라도 이 한 물건은 여여부동하다. 이것을 '상常(영원하고) 락樂(행복하고) 아我(자유롭고) 정淨(번뇌가 없는)'이고 '참되고 항상 적멸의 즐거움'인 열반적정涅槃寂靜이라 하고, 이름을 붙이자면 "참마음"이라 한다.

이 마음을 깨치면 그대로 부처인 것이다. '심부재언心不在焉 시이불견視而不見 청이불문聽而不聞'이라. 삿된 마음이 없으면 봐도 안 보이고, 들어도 안 들린다.

참마음은 사람의 본원이고 생명의 원천이다. 일체 만법이 다 이 마음에 있다. 한 법도 만들어지기 이전의 본래 마음은 모양도 없고 방위와 처소도 없지만, 인연 따라 온갖 작용을 베푼다.

상相 놀음에 젖어 있는 중생들은 이 말을 알아듣기가 어렵다. 하지만 여기서 바로 계합契合이 되어야지, 생각으로 헤아리면 즉시 어긋난다.

진여자성眞如自性의 마음자리를 가리켜 무심無心 또는 진심眞心이라 하는데, 마음이 없다는 것이 아니라, 범부의 집착하는 마음(妄心)이 없다는 것이다.

무심자리는 생멸심生滅心 · 취사심取捨心 · 애증愛憎 · 질투嫉妬 · 분별시비分別是非가 없는 순수하고 진실된 깨달음인 보리자성菩提自性의 마음이다.

영가현각 스님은 "마음은 뿌리요 법은 티끌이니 마치 거울에 묻어 있는 때의 흔적과 같다. 이 때가 제거되어야 비로소 생사가 없는 경지에 이르게 된다." 하였고, 야보도천 스님은 "당당한 대도大道는 대단히 밝고 분명하여 사람마다 본래 구족해 있고 원만히 이루어져 있지만, 다만 한생각으로 인하여 만萬 가지 모양을 나타낸다." 하였다.

세간世間은 환화幻化이며 일체一體는 무상無常한 객진客塵이다. 오직 태허공太虛空의 체體만 있으니 그 자리에는 형색과 소리를 두지 못하며 털끝만큼의 먼지도 세우지 못한다. 만약 부처님과 조사를 초월하고자 할진댄 모름지기 생각 생각이 다 공적해야 한다.

우리의 식심識心으로 구분하는 것은 모두 전도몽상顚倒夢想이고 혜안慧眼으로 보면 '있다, 없다'를 떠난 반야지혜 자리이다. 마음을 떠난 일체의 상은 무자성無自性의 연생법緣生法이어서 생멸이 있고, 무상한 것이다.

우리 몸뚱이도 자성이 없어 허망한 것이어서 인연이 다하면 놓고 가는 것이고, 죄 또한 무자성無自性이라서 부처님 당시 99명을 죽인 앙굴리마라도 참회하고 부처님 제자가 되었고, 『화엄경』 「입법계품」에 선재동자가 구도求道 여행 중에 찾아가는 53선지식 중에 창녀 바수밀다(Vasumilta)도 선지식으로 나온다. 물론 중생의 욕망에 따라 몸을 나타내 제도한 보살의 화신이지만.

요견삼세불마要見三世佛麼? 삼세의 모든 부처님을 보고자 하는가? 억!

'연하휴해갈沿河休害渴 파병막언기把餠莫言饑'라. 큰 강을 따라 내려 가면서 목마르다 말하지 말고, 떡을 가지고 있으면서 배고프다고 말하지 말라.

그렇다면 어떻게 해야 하겠는가?

모든 부처님이나 조사와 팔만사천의 법문도 다 반야바라밀을 의 지하여 밖으로 드러내 보인 것이니, 일체중생이 이 반야를 믿고 바로 쓰는 것이 불행佛行이며 대신통大神通인 것이다. 어떻게 써야 하겠는가? 그것은 모르는 당처를 "이뭣고"로 지어가는 것이다. 그 러면 무념처에 당도할 것이다.

무념無念은 일체처一切處에 물들지 아니하고 주관적으로 내 마음 속에 망념妄念이 다 떨어져 청정무구淸淨無垢한 것으로 자성청정自性

清淨이요, 중도中道며 열반涅槃이고 해탈解脫인 것이다.

또한 무념이란 사념邪念이 없다는 것이지 진념眞念이 없다는 것이 아니고, 유무와 선악을 떠난 절대 공空의 자리이다. 그래서 "이 뭣고"로 이 자리에서 쓰는 것이다.

서천 제26조 불여밀다不如密多의 전법게에, "참 성품이 마음 땅(心地)에 감추어져 있으니 머리도 없고 꼬리도 없다. 인연에 의하여 사물을 드러내니 방편方便으로 일러 지혜라 부른다." 하였다.

반야般若의 반대가 무명無明인데, 중생의 생각으로 구분하는 식심識心을 반야지혜로 바꾸는 것을 망상妄相을 여읜다고 한다.

화두인 "이뭣고"를 참구하는 사람은 부처의 본성자리를 바로 짚어서 깨닫고자 하는 것인데, 전후좌우제단前後左右除斷이라, 시공을 초월하여 일체의 언어와 마음의 길을 막아버리고 바로 눈앞에 진리를 갖다 대주고 반야를 활용케 해 주는 여의보주如意寶珠인 것이다.

즐거울 때나 괴로울 때, 화가 났을 때 그 마음이 대상에 끌려가거나 따라 가지 말고 그 자리에서 바로 "이뭣고" 하여 안으로 놓아 버리면 내 안의 용광로가 녹여 주며 깨침으로 이어져 현실에서 극락을 누리게 되며, 생활 속에서 반야지혜를 굴려 씀으로써 만사형통이 되는 것이다.

삼계유심三界唯心 만법유식萬法唯識

　원효대사元曉大師가 당나라에 불교공부를 하기 위하여 일곱 살 아래 의상대사義湘大師와 함께 밤길을 가던 중 어느 공동묘지에서 잠을 자다가 갈증에 바가지에 있는 물을 마셨는데, 감로수 같은 시원함을 느꼈다.

　아침이 되어 찾아보니 빗물에 벌레가 우글거리고 있는 해골바가지였다. 그 순간 온갖 더러운 생각과 함께 구역질이 나더니 뱃속이 메스꺼워지면서 토하기 시작하였다.

　그길로 당나라 유학을 뒤로하고 그 유명한 「오도송悟道頌」을 남겼다.

　심생즉종종법생心生卽種種法生

　심멸즉종종법멸心滅卽種種法滅

　심멸즉감분불이心滅卽龕墳不二

　삼계유심 만법유식三界唯心萬法唯識

　심외무법호용별구心外無法胡用別求

마음을 일으키니 온갖 법 일어나고

마음을 거두니 온갖 법이 사라진다

마음을 거두니 둔덕과 무덤이 둘이 아니로다

삼계가 오직 마음일 뿐이요 만법이 오직 식識일 뿐이로다

마음 밖에 법이 따로 없으니 어찌 밖에서 진리를 구하려는고?

삼계가 오직 마음이요, 모든 현상은 또한 식識에 기초한다. 즉 만법은 우리가 각자 인식하기에 달린 것이다. 그래서 모든 형상은 마음의 그림자(影)이고, 모든 소리는 마음의 울림(響)인 것이다.

불교의 심리학이 유식론唯識論인데 유식삼성唯識三性은 오직 마음(心)뿐이라는 것이다.

변계소집성遍計所執性

우리 중생은 두루 계교計較하고 헤아려서 집착하는 성질을 가지고 있다. 즉 내가 아는 것만이 옳다고 고집하는 마음이다. '저 사람이 밉다'라는 것도 번뇌에 가려진 마음에서 보는 것이지 그 사람이 객관적으로 미운 것이 아니다. 이것은 나의 망정妄情에만 있는 것이지 진리에는 없다는 것이다. 그래서 전쟁도 하고 좋아하기도 하는 것이다.

의타기성依他起性

다른 것에 의지해서 일어나는 성품이다. 인연생因緣生, 인연멸因

緣滅이라. 모든 존재인 천지 우주가 직접 간접으로 다 인연 따라 연계緣繼되어 있다는 뜻이다. 사랑도 이렇게 나오고, 인연 따라 망정으로 잠시 일어난 허깨비 같은 그림자일 뿐인데, 우리 중생은 영원한 것으로 착각하며 살고 있는 것이다.

원성실성圓成實性

영원한 참다운 성품, 원만히 성취된 참다운 성품이라, 이것이 실존實存이며 실상實相이다. 일체 공덕과 지혜를 다 갖춘 진여불성眞如佛性이다. 일체법이 모두 이 불성을 체體로 근거하여 이루어진 것이다.

예를 들어 해질 무렵 어슴푸레 광명이 없으니까 새끼줄 토막을 뱀으로 착각하는 것을 변계소집성이라 하고, 그 실체는 볏짚으로 꼬아 만든 새끼줄이므로 이것은 잠시 가합假合되어져 이름이 붙여진 의타기성이며, 그 본질은 볏짚이니 원성실성이 되는 것이다.

삼계유심三界唯心

우주의 만물만생萬物萬生은 마음에서 변현變現한 것으로 마음을 여의고 존재하는 것은 없으며, 마음은 만유萬有의 본체로서 유일唯一의 실재實在라고 한다.

『화엄경』「십지품」에 "삼계는 허망하여 다만 일심一心의 작作이다."라고 하였다. 유정有情이 생존하는 미迷의 세계(삼계)는 다 일심一心이 변작變作한 것이기 때문에 심외心外에 실재하는 무엇이 있다고 생각하는 것은 망상妄想이고, 오직 마음뿐인 것이다.

삼계유식三界唯識

중생들이 자기의 심외心外에 있다고 하는 모든 현상은 제8아뢰야식 그 자체가 주관상분主觀相分과 객관상분客觀相分으로 변하여 나타나서 인식의 대상과 모습을 심내心內의 영상影像으로 비쳐 떠올려 실제인 것처럼 인정하는 데 불과하고, 인식의 대상이 되는 물건 자체는 아뢰야식阿賴耶識 중에 섭지攝持하는 종자種子로부터 변하여 생긴 것이기 때문에 식識 이외에는 실재는 없다고 하는 것이다.

심의식心意識

오온五蘊의 빛(色)이란 물질이니, 우리의 육신과 우리를 싸고 있는 환경의 모든 물질을 말하고, 받음(受)은 우리가 환경에서 받는 촉감觸感이다.

생각(想)은 우리에게 접촉되는 대상에 대하여 분별하는 것이고 움직임(行)은 접촉되는 대상에 대하여 미워하거나 사랑하거나 가지고 버리려 하거나 기뻐하고 화내는 마음의 활동함을 말한다.

알음알이(識)는 모든 일이나 물건(事物)에 대하여 생각하고 기억하고 판단하고 집행하게 하는 마음의 주체이니 마음의 왕王이라고도 한다.

제6식(意識)은 시각 · 청각 · 미각 · 후각 · 촉각 · 사고력을 매개로 하는 인식기능인데, 흔히 여섯 개의 창문에서 부르는 대로 얼굴을 내미는 원숭이와 같은 작용을 한다.

제7식 말라식은 아뢰야식 종자種子를 자아自我라고 착각한다. 자아의식自我意識은 네 가지 번뇌煩惱로 자기에 대한 집착에서 나오는 본능적 의식이다.

아치我癡 : 무명無明으로 무아無我의 이치를 모르고 지혜의 광명을 막고 캄캄한 밤의 한생을 보낸다.

아견我見 : 거짓 나인 자아自我(Ego)가 실체한다고 보는 견해이다.

아만我慢 : 자아에 집착하여 자기가 잘났다고 믿는 어리석음이다.

아애我愛 : 자아에 애착심을 갖는 아탐我貪이다.

죽음이라는 것은 참나가 아닌 제7식인 거짓 "나"가 죽는 것인데, 이것을 천명天命에 맡기면 육도六道에 윤회輪廻하는 것이요, 금생에 수행으로 이 자아를 죽여 참나에 이르면 생멸이 없는 부처가 되는 것이다.

제8식은 심의식心意識의 근본무명根本無明으로 무의식을 의미하는 아뢰야식이며 장식藏識이라 한다. 여기에 저장된 업業의 종자로부터 우주 삼라만상이 전개된다 하여 아뢰야연기阿賴耶緣起라 하고 근본식根本識이며 쉽사리 없어지지 않기 때문에 고집 센 물소에 비유한다.

제9식 아말라식阿末羅識은 무구식無垢識, 백정식白靜識이라 한다.

반야般若이며 묘각妙覺인 청정불淸淨佛이고, 우리의 본래 고향이다. 법신은 육신과 같이 시시각각으로 소멸하는 존재가 아니라 영원히 변치 않는 생명체인 동시에 부모미생전父母未生前의 본래면목이며, 여러 생명체는 근본적으로 독립되어 있는 것이 아니라 하나의 생명체를 상일주재常一主宰하는 진여법신眞如法身인 참나(眞我)이다.

심의식心意識을 마음이라 하는데, 마음이 마음을 인식하는 것이니, 모든 게 심리현상心理現想이라는 것이다. 우리가 자기 마음이 나타나는 대상에 자기가 속고 사는 것이다.

그런데 이것들은 우리의 망상으로 본각本覺에서 나오는 묘명妙明의 그림자를 실다운 것인 줄로 착각하는 것일 뿐, 실성인즉 다 인연 따라 꼭두각시(幻)같이 나타나는 빈 것이고, 무상한 것이다.

무상無常은 빠르고 빠르며 생사의 일은 너무도 크니 이 일을 가장 중요하고 절박하게 생각하는 사람이라야 비로소 공부하는 사람이라고 할 수 있다.

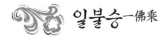

일불승一佛乘

무엇이 일불승一佛乘인가?

부처님께서 "제법실상諸法實相을 깨달으면 모두 불도를 이룰 수 있고 생사가 없는 일불승사상一佛乘思想의 도리에 들어간다." 하셨다.

실상實相이란 모든 것의 본래 근본성품根本性品이니 곧 법신불法身佛의 자리이다. 이 자리는 '언사상적멸言辭相寂滅'이라. 말과 형상이 적멸하다는 뜻은 제법실상의 도리는 말로써 설명할 수 없고 모양으로도 보일 수 없다는 말이다. '본말구경등本末究竟等'이라 처음과 끝이 끝내 평등한 것이 실상이다.

여시성如是性, 여시체如是體, 여시력如是力, 여시작如是作, 여시인如是因, 여시연如是緣, 여시과如是果, 여시보如是報가 『법화경』「방편품」십여시十如是의 내용인데, 일체법이 십여시를 떠날 수 없으므로 각각 이를 구족하고 있다는 말씀이다.

불지견佛知見은 모든 법의 실상을 명료하게 꿰뚫어 보고 아는 부처님의 지혜인데, 일체중생도 이미 부처님과 똑같이 갖추고 있다.

개불지견開佛知見은 우리가 갖추고 있는 보배창고의 문을 여는 것이고, 시불지견示佛知見은 그 보배를 보는 것이고, 오불지견悟佛知見은 보배가 이런 것이구나 하고 깨닫는 것이고, 입불지견入佛知見은 부처님의 지견에 들게 되는 것이니, 그 보배(반야지혜)를 자재롭게 활용하는 것이다. 이것이 사불지견四佛知見인데, 이렇게 깨달으면 제법실상을 깨닫는 것이고 일불승一佛乘이 되는 것이다.

제법실상의 도리에서 보면 생사가 곧 열반이요, 번뇌가 곧 보리요 선악이 다르지 않고 시비분별是非分別이 모두 끊어졌으며, 중생과 부처가 불이不二인 것이고, 불성은 형상이 없는 진공묘유眞空妙有로 본래 본성은 하나이나 작용에 따라 부처와 범부의 쓰임이 되어 그 이름이 달라지는 것이다.

이렇게 실상이란 곧 부처님의 진실한 상相이니, 실상實相을 보는 자, 곧 부처님과 함께 하는 자이며, 시방세계가 불국토요 우리가 살고 있는 사바세계가 그대로 극락이라, 사바즉적광娑婆卽寂光이니 부모미생전父母未生前의 본고향이 부처님의 품속인 것이다.

"일찍이 들으니 견성見性한 사람은 생사를 초월한다 했습니다. 옛날의 모든 조사들은 다 견성한 사람이지만 생사가 있었고, 현재에도 세상의 수도修道하는 자라도 생사가 있는데, 어떻게 생사를 벗어났다 할 수 있습니까?"

"생사란 본래 없는 것이나 분별력으로 있게 된 것이다. 허공의 꽃(눈병 때문에 마치 꽃이 허공에 있는 것처럼 잘못 보는 데 비유)을 볼 때 눈병이 없는 사람이 허공에 꽃이 없다고 말해도 병자는 믿지 않다가 눈병이 다 나아서 허공이 저절로 없어져서야 비로소 꽃이 없다는 것을 믿게 된다. 그것은 단지 병자가 망령되이 집착하여 꽃이라 여긴 것일 뿐 그 본체가 있는 것은 아니다. 원각圓覺의 진심을 깨달으면 본래 생사가 없는데, 이제 생사가 없음을 알고서도 생사를 벗어나지 못하는 것은 공부가 도달하지 못한 까닭이다."

진산주進山主가 수산주修山主에게 물었다.
"생이 곧 생이 아닌 법法을 분명히 알았다면 무엇 때문에 생사의 흐름을 받습니까?"
수산주가 대답했다.
"죽순은 반드시 대나무가 되지만 지금 당장 뗏목으로 사용할 수 있겠는가?"
그래서 누구나 수행의 열매(果)가 푹 익게 하여 본래 생사가 없음을 알고 체득하고 계합하고 활용해야 한다. 그런데 요즘 사람은 '지무생사知無生死'라 생사가 없음도 알지 못하는데, 어떻게 '체무생사體無生死'라 생사 없음을 체득하겠으며, '계무생사契無生死'라 어떻게 계합하겠으며, '용무생사用無生死'라 어떻게 생사 없음을 활용하겠는가?
오직 화두일념話頭一念으로 "이뭣고" "시심마是甚麽" 할 뿐이다.

신심信心

약인구병출금병藥因求病出今瓶
불인신심현신통佛因信心現神通

약은 병을 고치기 위하여 병에서 나오는 것이며
부처님은 신심信心이 있는 자에게 신통神通을 보이신다.

명약은 목숨을 구하기 위하여 병에서 나오는 것이지, 약처방전
이 아닌데, 모두가 여기(相)에 매달려가고 있으며, '견지망월見指忘
月'이라, "달을 가리키면 달을 봐야지 왜 가리키는 손가락을 보는
가?" 했듯이, 전부 손가락만 보고 달을 봤다고 하고 있는 것이다.
이렇게 전부가 상相 놀음만 하고 있으면서 나는 30년 40년 기도
했는데 되는 것이 없다고들 한다. 그러니 '즉지견월卽指見月'이라,
바로 달을 보라는 것이다.
'일지능멸만년우一智能滅萬年愚'라, 하나의 밝은 지혜가 능히 만년
의 어리석음을 멸해 버리는 묘법이 있으니, 지금 바로 쓰고 쓸 따

름이다.

삼세 일체 부처와 만물만생을 들이고 내며 우리가 숨 들이쉬고 내는 것이 바로 반야지혜인 대기大機의 작용인데, 우리는 이 여의보주를 살려 써 보지도 못하고 삿된 짓(邪)을 찾아 밖으로만 해매고 있는 것이다.

악생어심惡生於心 환자괴형還自壞形
여철생구如鐵生垢 반식기신反食其身

저절로 욕심慾心과 악심惡心이 생겨
그 청정한 본마음을 흐리게 하고 무너뜨리게 하여
마치 깨끗하던 쇠가 풍화작용으로 녹슬고 때가 생겨서
그 쇠를 좀먹어 들어가는 것과 같다.

『반야심경』의 큰 뜻도 의식과 무의식으로 되어 있는 무명이란 마음을 각성의 눈으로 관해서 근본무명을 증발시키는 지혜를 밝힌 것이다.

반야지혜般若智慧의 지智는 하늘의 해(日)로서 지혜의 본체를 말하고, 혜慧는 빛이며 용用이다.

우리의 성품인 묘각妙覺은 의식의 먹구름 속에 가리어 있기 때문에, 심층에 있는 보리자성菩提自性과 일심一心이 되게 하는 것이 반야지혜般若智慧를 살려 쓰는 "이뭣고"이며, 이것이 참수행이 되는 것이다.

대혜종고 선사(1089-1163)의 법어法語에서 "부처님 말씀에 믿음이 있으면 번뇌를 영원히 없앨 수 있고, 부처의 공덕으로 오로지 나아갈 수 있고, 경계에 집착함이 없고, 모든 어려움을 벗어나 수월함을 얻는다. 번뇌는 뿌리가 있어서 제 스스로 자라나는 게 아니고, 마음에 의해서 일어난 조작일 따름이다. 믿음이 있으면 온갖 마귀의 길에서 벗어나, 위없는 해탈의 길을 드러낼 수 있다." 하셨다.

이러한 말씀은 반은 믿고 반은 믿지 못한다면, 경계에 접촉하고 인연을 만남에 마음에 의혹이 일어나 곧 경계에 마음이 집착하니, 이 도에서 결정적으로 의심이 없어지지도 못하고, 번뇌의 뿌리를 소멸하지도 못하고, 모든 어려움에서 멀리 벗어나지도 못한다.

온갖 어려움이란, 결정적으로 믿음이 없기 때문에 자기의 음마陰魔(마구니)에게 휘둘리는 것이다. 이 마음 밖에서 헛되이 여러 차별差別의 견해를 일으키면 이 마음은 곧 그 차별되는 허망한 생각을 따라 흘러가게 되어 마구니의 경계가 이루어지는 것이다.

만약 곧장 이 마음이 결정코 본래 깨달아 있다는 것을 믿어 모든 견해를 버린다면, 이 마구니의 길이 곧 본인의 삶과 죽음에서 빠져 나올 보리菩提의 길이 되는 것이다.

그대들이 다만 "마음에 일이 없고, 일에 마음이 없기만 하면, 없으면서도 신령스럽고 비어 있으면서도 묘妙하다." 하였다.

믿음이란 내가 본래불本來佛임을 굳게 세워 결정코 흔들림이 없는 것이고, 그것이 바른 신심이며, 이제까지 내 안의 마구니의 끄달림에서 벗어나 떳떳한 대장부로서의 삶을 살게 되는 것이다.

'대장부병보검大丈夫秉寶劍 여격석화섬전광如擊石火閃電光'이라. 대장부가 지혜보검을 잡고 돌을 치니 불꽃이 튀고, 번개를 치자 온 천지에 광명光明이 가득한데 왜 반야지혜를 쓰지 못하고 잠재우고 있는가?

"이뭣고?"

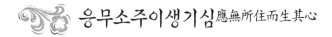
"마땅히 머무르는 바 없이 마음을 내라."

육조혜능 선사가 이 말씀으로 깨달아 오조홍인 선사로부터 법을 받았다.

아상我相이 빠져 버린 무아無我, 무심無心에서 중생의 집착심執着心을 떠난 청정법신비로자나불의 마음으로 용심用心하라는 뜻이다. 즉 일체 만법萬法과 만생萬生을 들이고 내는 반야지혜般若智慧의 순수작용을 말한다.

그리스도교에서는 왼손이 하는 것을 오른손이 모르게 하라고 하지만 이것은 나를 세운 상상相놀음에 불과한 것이다.

육조혜능 선사가 의발衣鉢을 가지고 야반도주하자 이를 빼앗으려고 쫓아온 혜명에게 육조 스님이 의발을 바위 위에 올려놓고 말하였다.

"이 의발은 믿음을 나타내는 것으로 힘으로는 쟁취할 수 없는 것이다."

그러나 혜명이 의발을 빼앗으려고 했으나 꿈쩍도 하지 않았다.

그것은 단순한 물건이 아니고 대법大法의 전승을 상징하는 것이기 때문에 힘으로는 취할 수가 없는 것이었다.

그러자 혜명이 자기의 허물을 뉘우치고 가르침을 구하였다.

"일체의 망상妄想과 삿된 생각을 버리고 맑은 마음이 되어야 한다. '불사선不思善 불사악不思惡'이라. 선도 악도 생각하지 않을 바로 그때 혜명수좌의 본래면목은 무엇인가?"

이 물음에 혜명은 홀연히 깨달았다.

능소개념能所概念인 분별상分別相과 차별상差別相인 유무有無와 선악善惡을 초월한 절대선絶對善과 평등인 진여성眞如性인 그 자리는 오직 "이뭣고"로 깨쳐 말과 글이 떨어진 할喝과 방棒, 주장자만으로 전할 수 있는 묘유妙有한 법신처法身處이다.

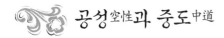

공성空性과 중도中道

보관일체중생普觀一切衆生

구유여래지혜덕상具有如來智慧德相

단이망상집착但以妄想執着

이불증득而不證得

일체중생을 굽어 살펴보니

모두가 여래의 지혜와 덕상이 두루 구족되어 있건만

헛된 망상과 집착 때문에

이를 증득해 쓰지 못한다.

『화엄경』「여래출현품」에 나오는 말이다.

중생은 무명無明 무지無知 불각不覺이라서 불법도佛法道를 구하고 얻으려고 밖으로 찾는다. 불법은 관념觀念과 의식意識으로 존재하는 것이 아니고 반야지혜광명般若智慧光明이 작용하는 데 있는 것이다.

그러나 중생의 심의식心意識은 불법도가 따로 있다고 보고 심혹

心惑에 끄달리면서 구하려는 목적의식을 갖고 살고 있다.

진여眞如의 청정한 지혜가 작용하기 위해서는 『반야심경』의 '조견照見 오온개공五蘊皆空(오온이 공함을 비추어 봄)'을 통해 얻을 수 있는 깨달음의 안목이며, 그 바른 지혜에 의해서 얻게 되는 해탈이며 열반이다.

생사生死가 있을 때 열반涅槃이 있고, 무명無明이 있을 때 지혜智慧가 있는 것이며, 이 두 가지 또한 우리들의 분별심이 만들어낸 개념일 뿐이다. 열반이란 일체가 딱 끊어진 자리로 언어와 분별分別을 초월한 것이다.

또한 공空의 모습이 바로 연기緣起이고, 공空이기에 스스로 자성이 없어 무자성無自性이라 하고, 그렇기 때문에 생사와 열반 어느 한쪽에도 집착執着할 바가 없다는 무집착을 올바로 알아 대자유大自由의 중도中道로 나가도록 인도하는 가르침이 대승의 반야 공空 사상이다.

이로써 '공성空性=연기緣起=무자성無自性=무분별無分別=무집착無執着=중도中道(부처)'라는 공식이 성립되는 것이다. 따라서 항상 일체의 애욕愛慾과 집착에 끄달리지 않고 비우고 놓고 가는 삶을 생활 속에서 실천하기 위해 방하착放下着하라는 것이다.

또한 세간에서는 신神이나 부처, 보살, 허공을 신격화神格化해 의지해서 무엇인가를 얻으려고 하는데, 자성自性을 본 사람은 모든 것이 공空해서 털끝만한 견해도 없어 의지하는 것이 없다. 자기 자신이 천상천하의 제일 높은 성인聖人이요 부처인데, 무엇에 의지하겠는가?

그 자리(中道)에서는 활용자재活用自在라, 반야지혜광명을 살려 쓰면서 근기에 따라 일체 만물에게 이익을 주며, 일체중생을 이끌어 제도하여 함께 피안에 이르게 하는 성스러운 자리이다. 그리하여 범부凡夫는 사물의 굴림을 당하지만, 성인聖人은 자신이 사물을 굴려 쓸 따름이다.

사람들은 날마다 쓰면서도 알지 못하고 하루 종일 바쁘게 치달리며 사물에 끄달림을 당하여 날이 가고 달이 가도 자기 집에서 점점 멀어져 근본 마음자리를 잃어버린다.

중생의 생각은 너와 내가 있고, 조그마한 생각에 집착해 시시비비가 생기지만 그것을 뒤집으면 무념無念이 되니, 이것이 우주 만유와 동심 동체를 이루는 한마음이며 중도中道인 것이다.

무념은 육적(眼耳鼻舌身意)이 무너진 당체를 말하는데, 중생의 소견과 능소能所(主와客)가 없고 무명심無明心이 없는 육바라밀의 진실한 마음이다.

불교가 깨달음의 종교라 할 때, 그것은 존재의 원리가 중도中道인 것을 깨닫는 것이며, 짚으로 만든 물건은 새끼줄도 있고 짚신과 가마니도 있고 쓰임새도 다 다르지만, 본질本質은 짚인 중도라는 것을 아는 것이 견성見性이다.

『대승기신론』에 "진여眞如는 불변不變이다. 진여眞如의 불변不變이 수연隨緣하여 만법萬法을 이룬다." 하였다.

불변不變이 진여불성眞如佛性이고 청정자성淸淨自性이며 중도中道이며 우주 삼라만상의 모든 존재의 근원과 그 모습은 자성청정심이다.

중생이 무지해서 공空, 중도中道인 진리眞理가 하나인 줄 모르는 한생각이 번뇌이고 오온이며 괴로움이다. 그래서 수행으로 깨닫고 보면 괴로움이라고 하는 것들은 모두가 착각錯覺이고 환幻으로 자성청정심의 작용에 불과한 것이다.

그래서 번뇌를 자성번뇌라고 하는 것이고, 깨친 자성을 보리자성菩提自性이라 한다.

모든 현상이 변화한다는 것은 그 자체로 고유한 자기 성품을 가지고 있지 않기 때문이다.

예로 모든 물이 가지는 성질은 자성自性이라 할 수 있다. 물은 바닷물, 강물, 샘물 등 여러 종류가 있으며 축축하게 젖는 성질을 가지고 있고, 또 H$_2$O 분자로 구성된 점도 같지만 뜨거운 화로 속에서는 그 고유의 젖는 성질은 변하기 때문에 무자성無自性이라고 하는 것이다.

공가중空假中 삼제원융三諦圓融으로 볼 때도 우주의 모든 사물을 면밀히 고찰하여 보면, 아주 작은 양성자나 중성자에서부터 우주에 이르기까지 어느 것 하나 불변하는 고정된 실체를 가지고 있는 것은 없다.

즉 성주괴공成住壞空의 원리에서 벗어나는 것은 하나도 없다. 오직 인연법에 의하여 끊임없이 생성되고 변화하여 가다가 마침내는 소멸하여 버리는 것이다.

'색즉시공 공즉시색'이란 공空이란 색色이 있는 바로 그 자리에 있는 것이지 색이 있는 자리를 떠나서 따로 공이 존재하지 않는다는 것이다. 따라서 색과 공은 분리해 낼 수 있는 두 세계가 아니라 근본적으로 하나의 세계이다.

연기緣起하여 일정 기간 머무름이 있으므로 색色을 가假라 하고, 그러나 일체의 모든 사물은 오직 무아無我로서 자성自性이 없으므로 공空이라 하며, 그 둘의 양변을 떠나면서 그 양변을 포용하기 때문에 중中이라고 한다. 공가중은 하나이면서 동시에 셋이다.

이렇듯 공가중이 서로 원융무애圓融無碍하니 이를 삼제원융이라 한다. 즉 색과 공, 진공과 묘유, 번뇌와 보리, 생사와 열반, 중생과 부처가 다 하나인 것이다. 진흙 없이 연꽃이 필 수 없고, 파도 없는 바다가 존재할 수 없는 것이며, 번뇌 망상 없이 어떻게 부처가 되겠는가?

부처님께서 깨치신(成道) 후 처음으로 녹야원에서 다섯 비구들에게 설법하신 것이 삼법인이다.

제법무아諸法無我란 모든 것은 나(我)가 없다는 것이다. 즉 모든 물질에는 그 주체적인 존재가 없이 인연因緣 따라 뭉쳤다가 흩어졌다 하는 것이지, 어떤 근원적根源的인 존재가 있어서 그 위에 물질이 쌓여 이루고 있는 것이 아니라는 것이다.

더 구체적으로 말하면, 우리의 인식 주관의 연기 작용에 의하여 형성되어 드러나는 인식현상은 허망한 분별심에 의하여 생긴 것이기 때문에 자성自性이 없다는 것이다.

제행무상諸行無常이란 모든 분별적 사유 때문에 생기는 인식현상은 곧 인식 주관 내에서 회론되어 일어나는데, 그 회론을 일으키는 의식 작용이 바로 행行이다.

모든 분별적 사유 때문에 생기는 인식현상에 자성自性이 없다는 것은 이 행行의 작용이 항상하지 않기 때문이다.

제법무아는 공간적인 것을 말하고 제행무상은 시간적인 것을 말한다.

　열반적정涅槃寂靜이란 번뇌를 떠난 마음으로 완전한 고요와 평화를 말한다. 일체의 존재가 연기緣起임을 깨닫게 되면 열반적정이 된다. 그렇지 못하면 마음은 언제나 번뇌煩惱로 괴로운 것이다.

　연생緣生은 유상有相이고 연성緣性은 무상無相이다. 유상有相은 생멸生滅하고 무상無相은 생멸이 없는 적멸寂滅이다. 그래서 상相에서 성性을 보는 것이 견성見性이고, 또한 인연법因緣法의 본성本性을 보는 것이 깨달음이다.

　법무자성法無自性이라서, 그것에 그것이 없다는 것이다. 예를 들어 물 컵은 흙과 물, 불(火)로 가합假合된 것으로, 우리 몸뚱이를 보면 그 근간을 이루는 물체는 지수화풍地水火風의 사대四大가 잠시 인연에 의해서 모였다가 흩어지는 허망虛妄한 것으로 무자성無自性이라, 그 실체가 없다는 것이다.

　즉 인연상因緣相은 있는데 그 자체성自體性은 없는 것이다. 그래서 병病이 나면 병이 없는 것이고, 죽음에는 죽음이 없고, 늙음에는 늙음이 없는 것이다. 왜냐하면 이것이 다 실체가 없는 인연因緣으로 가합假合되어진 것이기 때문이다.

　그래서 깨치면 생멸生滅이 적멸寂滅인 것이다.

　제법종본래諸法從本來
　상자적멸상常自寂滅相

불자행도이佛子行道己

내세득작불來世得作佛

『법화경』 사구게이다.

모든 법은 본래로 늘 열반상涅槃相이고 항상 적멸한 모습 그대로이다. 깨치면 중생을 고쳐서 부처가 되는 것이 아니고, 탐진치 삼독三毒이 곧 열반涅槃이며, 사바세계 고해苦海가 그대로 극락세계인 것이다.

우리가 보고 듣고 생각하는 육식육근六識六根의 경계로부터 뒤돌아 거슬러 올라가면 무간격無間隔, 간격이 없어지고 근본 본각本覺인 진여불성眞如佛性 자리에 들게 된다.

예로 천강유수 천강월이라, 하늘에 떠 있는 달이 강에 비치면 1,000개의 달이 강물에 형상形相으로 나타나는데 그 숫자가 바로 공간이다.

그러나 강물에 비친 달은 그림자일 따름이다. 달이 지면 그림자 역시 사라진다. 이와 같이 밖으로 보이는 산하대지 전체가 본래는 그 실체가 없는 것이다.

꿈을 깨면 꿈속의 영상들은 순식간에 사라지는 것처럼, 이러한 환유幻幽가 사라지는 게 반야般若이고 쌍차雙遮이며, 반야는 관자재보살의 비춤(照)이니 쌍조雙照이다.

깨달음이란 꿈에서 깨어 눈을 뜨는 것이다. 한생각이 일어나면 생멸육도生滅六道가 일어나고, 한생각 깨달으면 생사生死가 없는 적멸寂滅이다. 밖으로부터 돌아서서 번뇌가 끊어지는 게 부처의 마음이다.

돌아섰는데도 마음이 끊어지지 않는 것은 이직 상相에 마물러 있기 때문이다. 즉 환유에 얽매여 있다는 말이고, 경계境界(相)에 머무르지 않는 마음이 자성청정심自性淸淨心이다.

번뇌煩惱도 자성自性 번뇌이다. 번뇌가 본래 뿌리가 있어서 제 스스로 자라나는 게 아니고, 마음에 의해서 일어난 일시적인 조작일 따름이다. 그러니 스스로 깨달으면 자성 번뇌는 사라지는 것이다.

오온五蘊 또한 본래 자성이 없어 공空한 것이다. 그것을 실재實在라고 생각하고 매달리면 번뇌가 일어나는 것이다. 그러나 그것이 공한 줄 알아 집착執着하지 않으면 오음으로 인한 번뇌煩惱는 없는 것이다.

즉 색色 그 자체가 번뇌나 보리가 되는 것이 아니라, 여실히 보지 못하기 때문에 번뇌가 되는 것이다. 생활 자체와 생각을 여실히 보고 놓아 버리면, 그것이 그대로 보리가 된다.

피안과 차안이 따로 있는 것이 아니라 불각자不覺者에게는 이곳이 차안이고 번뇌이지만, 깨달은 자에게는 이곳이 피안이고 극락極樂인 것이다.

또한 본래 마음도 경계에 물들어 매달리므로 번뇌가 있는 것이지, 그 자체는 물듦이 없이 청정淸淨한 것이다.

그래서 '처염상정處染常淨 염정불이染淨不二'라. 연꽃을 예로, 그 뿌리는 비록 연못의 진흙탕 속에 자리잡고 있지만, 연꽃과 그 입은 절대 오염되지 않기 때문에 염染 과 정淨이 하나라는 것이다.

번뇌라는 것은 무명無明이고 고통의 근원이다. 이것은 지혜智慧가 없기 때문에 일어나는 것이다.

보리는 진리를 깨달아 지혜를 발현시키는 것을 말한다. 번뇌가 병病이라면 보리는 그것을 녹이는 약藥이 되니 병이 없으면 약이 필요 없듯이 번뇌가 없다면 보리 또한 필요 없는 것이다.

생生 또한 중생이 육식六識으로 느끼면서 세상이 마치 실재實在하는 것처럼 인식認識하고 집착執着하나, 모든 존재存在는 연기성緣起性에 의해 나타나고 사라지니 본래는 무생無生인 것이다.

한생각 미혹迷惑에서 벗어나면 지금이 바로 부처님이 법문하셨던 2,500년 전의 영산회상이 이 자리이고, 부처님과 내가 본래는 하나인 것이다.

미혹을 벗어나는 가장 빠른 방법이 화두話頭이다. 도道와 부처가 뭐냐고 물으면 선사들은 화두를 던진다. '문처즉답問處卽答'이라. "지금 묻고 있는 너 자신을 되돌아보고 스스로 답을 찾아라." 하는 것이다.

육근의 경계를 차단하는 것이 바로 은산철벽銀山鐵壁이고, 화두는 이것을 뚫고 들어가는 문이다. 경계에 끄달려 밖으로 돌아다니던 미아가 배가 고파 고향집(菩提自性)으로 돌아갈 수 있게 하는 것이 화두이다.

미물微物인 연어도 수만 리 머나먼 알래스카 해안에서 한평생을 살다가 자기 고향 남대천으로 수많은 난관을 극복하고 회귀하여 알을 낳고 생生을 마감한다.

　그래서 시심마是甚麼(이뭣고)는 밖으로 흐름을 쫓아가지 않고 물을 거슬러 올라가 자기 고향으로 돌아와 견성케 하는 것이다.

　　월마은한전성원月磨銀漢轉成圓
　　소면서광조대천素面舒光照大千
　　연비산산공착영連臂山山空捉影
　　고륜본불낙청천孤輪本不落青天
　　묵계보리대도심默契菩提大道心

　　은쟁반 같은 둥근 보름달이
　　흰 얼굴 밝은 빛을 온 천하에 교교히 뿌리는데
　　원숭이들이 물에 떨어진 달그림자를 건지려 애를 쓰고 있구나
　　고고한 둥근달은 본래로 푸른 하늘 제자리를 벗어나지 않고
　　묵묵히 보리 대도심에 계합하네.

　우리 중생은 내가 자성청정自性清淨한 본래 부처인 것을 망각하고 원숭이들같이 달그림자를 나(我)로 착각하고 평생을 집착과 번뇌 속에서 꼭두각시놀이하며 보내고, 눈앞의 조그마한 이익에 목마름으로 허덕이다 내가 어디에서 왔는지 마음 한번 주어 보지도 못하고, 갈 때는 어디로 가는지도 모르고 캄캄한 어둠 속으로 사라지니 이 얼마나 무서운 업보의 장난이 아니겠는가?

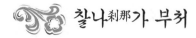# 찰나刹那가 부처

조불종래불위인祖佛從來不爲人

납승금고경두주衲僧今古競頭走

명경당대열상수明鏡當臺列像殊

일일면남간북두——面南看北斗

두병수무처토斗柄垂無處討

염득비공실각구拈得鼻孔失卻口

부처도 조사도 말하지 못한 것

중들은 지금도 찾아 헤매네

맑고 밝은 거울은 만물을 비치고

남쪽 하늘에서 북두칠성을 바라보네

칠성의 자루별 간데 없어라 자주별 어디 갔나

찾아 헤매는 코 쥐고 입 벌린 그 못난 꼴들

『벽암록』 28칙에 나오는 송頌이다. 부처와 조사도 이르지 못한

내 고향 은밀한 곳, 생각과 언어가 끊어진 뚫을 수 없는 은산철벽
銀山鐵壁 넘어 있는 정토淨土는 우주宇宙와 내가 틈이 없는 동서東西
가 사라진 바로 그 자리라서, 얼굴을 남南으로 하여 북두칠성을 보
게 되는 장소에 걸림이 없는 처무애處無碍라.

　지금 바로 이 자리가 영산회상이고, 자타自他의 간격이 공간空間
인데 뒤돌아 가면 공간 간격이 없어져 폭포수를 따라 밖으로 가지
않고, 거슬러 올라가 정점頂点에 이르면, 그대로 부처와 하나로 돌
아가는 곳이다.

　임제 스님께서 말하였다.
　"그대들이 다만 마음에 일이 없고, 일에 마음이 없기만 하면, 없
으면서도 신령神靈스럽고 비어 있으면서도 묘妙하다. 만약 틸끝만
큼이라도 근본과 지말을 말하도록 용납한다면, 모든 것이 스스로
속이는 짓이다."

　『증도가證道歌』117칙에 나오는 말이다.

　재욕행선지견력在欲行禪知見力
　화중생련종불괴火中生蓮終不壞

　욕망 속에서 참선하는 지견의 힘
　불 속에서 연꽃이 피니 끝내 시들지 않도다.

'화중생련火中生蓮'이라. 불속에서 꽃이 피는 것은 시간 간격을 벗어난 찰나刹那를 말한다. (시공을 벗어난 無間格) 그 곳에서는 불속에서 꽃이 피고, 진흙탕 속에서 연꽃이 열매를 맺는 것이다. 그러나 '여연화불착수如蓮花不着水'라. 그 연꽃은 더러움에 물들지 않는 본래 청정인 것이다.

가사철륜정상선假使鐵輪頂上旋

정혜원명종불실定慧圓明終不失

일가냉월가열日可冷月可熱

중마불능괴진설衆魔不能壞眞說

무쇠바퀴 머리 위에서 돌릴지라도

선정과 지혜가 뚜렷이 밝아 잃지 않도다

해를 차게 하고 달을 뜨겁게 할지언정

못난 마구니도 참된 진리의 말씀은 깨트릴 수 없도다.

'정신일도精神一到 금석가투金石可透'란 고어가 있다.

중국 한나라 이광李廣이라는 장군이 어느 비가 몰아치는 야밤에 산길을 가다가 호랑이를 만나자 혼신을 다하여 활을 쏘았다. 아무 소리가 없어 가까이 가보니 호랑이는 없고, 큰 바위에 자기가 쏜 화살이 깊숙이 박혀 있는 것이 아닌가?

'정신일도精神一到 하사불성何事不成'이라.

수행뿐 아니라, 우리가 생활 속에서도 매사에 조금이라도 정신을 집중시키면 아무리 어려운 상황이라도 사력死力은 십중배가十重倍加라. 죽을힘을 다하면 평소에 열 배 이상의 힘이 솟는 것이다.

'역천겁이불고歷千劫而不古 항만세이장금恒萬歲而長今'이라. 천지天地가 벌어지기 전부터 오늘에 이르기까지가 무수한 세월이 바로 지금이라는 말이다.

밖으로 보이는 것이 공간인데, 뒤돌아 가면 공간 간격이 없어지고 또한 상相에 머무르지 않는 마음을 '자성청정심自性淸淨心=즉금卽今=바로 이 자리'라 하는데, 시간에 걸림이 없는 시무애時無碍는 간격과 원근遠近이 없는 것으로 평상심平常心은 바로 돌아서면 끊어지는 자리인 유심정토唯心淨土인 것이다.

『금강경』에 과거심 불가득, 현재심 불가득, 미래심 불가득이라 했는데, 심心이 없어야 얻을 것이 있는 것 아니겠는가? 물속에서 물을 찾는 격이지, 있는 데서 무엇을 얻으려 하는가?

찰나刹那 어느 속에 과거, 현재, 미래가 있는가?

승조법사는 '천지여아동근天地如我同根 만물여아동체萬物如我同體'라 한다. 천지와 나는 둘이 아닌 한 뿌리에서 태어난 일심동체라는 것이다.

또한 일체 만법의 근본根本은 공空이라는 일체개공一切皆空과, 신심명의 만법은 하나(一如)라고 말하는 것과 같다. 존재의 원리로 봤을 때도 그 본질本質은 공空이며, 팔만대장경을 압축하면 그것 또한 공空이다.

간격이 없는 찰나찰나 순간순간이 나(참나)라는 사실을 알아야 하고, 내일과 어제를 생각하는 것으로 시공간時空間을 만들지 말고 지금 이 순간 물을 마시는 것이 나의 삶인 것이며, 순간 있는 그대로의 진리眞理, 우주宇宙와 내가 둘이 아닌 찰나刹那가 곧 부처인 것이다.

취모검吹毛劍

살진사인殺盡死人
방견활인方見活人
활진사인活盡死人
방견사인方見死人

죽은 사람을 죽여 다해야
바야흐로 산 사람을 봄이요
산 사람을 죽여 다해야
바야흐로 죽은 사람을 봄이로다.

위의 법문은 임제종의 조주趙州와 조동종의 투자대동投子大同의 문답에, 대사저인大死底人(크게 죽은 사람)에서 태어났다.

즉 일체 번뇌 망상을 말끔히 씻어버리고, 상대적인 관념觀念을 모두 비워버린 절대 무無의 열반적정涅槃寂靜 경지이다. 이는 취모검吹毛劍을 휘두른 주인공主人公을 말한다.

취모검이란 칼날 위에 솜털을 올려놓고 입으로 불면 끊어지는 예리하고 날카로운 칼로 고대의 명검名劍이다. 선어록에는 금강보검金剛寶劍이라 하여 반야지혜般若智慧의 영묘靈妙한 작용을 비유한 것이다.

『유마경』에 지혜의 검으로 번뇌煩惱의 적敵을 타파한다고 하는 것처럼, 일체의 사량분별을 끊어버리고 곧바로 여래의 경지를 체득하는 것을 말한다.

『증도가』에도 "대장부가 지혜의 칼을 잡으니 반야의 칼날이요, 금강金剛의 불꽃이다. 외도의 심장을 쳐부술 뿐 아니라, 천마天魔의 간담도 떨어뜨렸다."고 읊고 있다.

선승들이 반드시 구족해야 하는 지혜작용을 살인도殺人刀와 활인검活人劍으로 표현하고 있다. 모든 사물은 모두 두 가지 얼굴이 있는데, 살인도는 부정적이고 파괴하는 얼굴이며, 활인검은 긍정적이고 건설적인 얼굴이다.

즉 살인도는 번뇌 망념의 중생심을 차단하는 교화수단이고, 활인검은 일체의 번뇌 망념을 텅 비우고 반야의 지혜를 작용하도록 하는 것이다. 살인도는 종래의 구습에 젖은 중생의 생멸심과 차별, 분별심을 제거하고 없애는 지혜의 칼이고, 활인검은 본래 청정한 불심의 지혜智慧를 회복하여 지금 여기 자신의 일을 보살도의 삶으로 활발하게 작용作用하게 하는 방편수단의 칼이다.

또한 번뇌 망념을 텅 비우는 공空의 실천이 살인도이고, 본래 청정한 불성의 지혜로 만법萬法을 여여하고 여법하게 창조적創造的인 삶으로 살아가게 하는 반야지혜가 활인검이다.

임제가 부처를 만나면 부처를 죽이고, 조사를 만나면 조사를 죽인다고 표현한 것처럼, 부처나 조사라는 고정관념에 떨어지면 자신의 반야지혜가 죽어버리기 때문에 일체의 경계나 분별심을 끊어버리고 텅 비운다는 선 수행을 죽인다고 하고, 불법의 대의를 체득하지 못하여 반야지혜의 작용 없이 중생심으로 사는 수행자를 사인死人이라고 한다.

또한 죽이기만 하고 살리는 능력이 없다면 사람을 못 쓰게 하는 것이고, 지혜작용을 살리기만 하고 죽이는 작용을 쓰지 못하면 정사를 판단하는 안목이 없고, 선병禪病을 진단할 능력이 없는 눈먼 선승이라고 한다.

그래서 살인도와 활인검을 자유자재로 활용할 수 있는 신승의 지혜작용을 살활자재殺活自在라고 하는데, 선승은 반야지혜의 예리한 취모검의 두 칼날을 자유자재自由自在로 쓸 수 있어야 문수의 지혜의 칼인 금강보검金剛寶劍을 갖게 되는 것이다.

『벽암록』 제100칙은 파롱화상의 취모검吹毛劍에 대한 질문이다. "어떤 것이 취모검입니까(如何是 吹毛劍)."

"산호의 가지가지마다 달이 주렁주렁 달려 있구나(珊瑚枝枝撐著月)."

즉 바다 속에 있는 산호의 가지마다 서로서로 비추어 걸림 없이 상즉상입相卽相入하여 무애자재하구나 하여, 반산보적 선사의 유명한 '심월고원心月孤圓 광탄만상光呑萬像'이라. "마음의 달이 홀로 원명圓明하니 그 빛이 만상을 삼키도다."라고 했듯이 본래 구족한 불심의 반야지혜의 칼(취모검)의 광명光明(全機大用)이 온 천하에 두루하고 있음을 드러내었다.

'명명백초두明明白草頭 명명조사의明明祖師意'라. "밝고 밝은 백 가지 풀 끝에 밝고 밝은 활용자재한 조사의 뜻이 있느니라." 이는 중국 방거사龐居士와 딸 영조靈照와 나눈 "어느 것이 불법의 대의입니까?"라는 물음에 대한 답이다.

그림자가 휘어졌으면 그 실체를 바로 잡아야지, 그림자를 아무리 움직여 바로 잡으려 해도 그것은 강물에 비친 달그림자를 건지려 하는 원숭이처럼 바보짓을 하는 것이다.

그래서 그림자를 허상虛像이라고 자각自覺하는 것이 일차 죽이는 것이고, 그 실체라고 생각하는 몸뚱이 역시 허상이라고 인식하는 것이 두 번 죽여 살리는 것이다.

그 다음은 공空만이 남게 되는데, 공空이 공空으로 끝나면 영원히 깨어나지 못하는 무기공無記空에 빠지게 되지만, 여기에서 진공묘유眞空妙有인 생사가 없는 반야지혜般若智慧의 활인검活人劍을 자유자재自由自在하게 활용活用하여 죽이고 살리고, 살리고 죽여 열반적정涅槃寂靜에 드는 것이다.

전기대용全機大用

'아유일기我有一機'라, 나에게 한 기틀이 있는데, 크게는 우주宇宙

를 들이고 내며(전기대용), 작게는 '순목시이瞬目示伊'라 눈 한번 깜빡이는 묘용妙用을 부리고, 졸리면 자고, 배고프면 먹는 반야지혜작용作用을 말한다.

상즉상입相卽相入

우주宇宙의 삼라만상이 겉으로는 서로 대립되어 있는 것 같지만 실제로는 상호 융합하여 작용해 가며 서로가 한량없이 밀접한 관계를 보존하고 있는 것이다.

당신의 행복이 나의 행복이라는 서양의 격언처럼 화엄사상華嚴思想의 근본교의根本敎義이다.

'상즉相卽'이란 마주 서 있는 두 개의 사상事象이 서로를 버리고 무차별의 하나가 되는 것이다. 이러한 하나(一)가 없으면 전체인 다多는 성립되지 않기 때문에 하나가 있으면 일체가 성립된다는 것이다(一卽多多卽一).

'상입相入'이란 서로 걸림이 없이 융합하는 것으로 모든 현상은 인연 작용에 의해서 일어나는데, 한쪽이 본체(體=能)이면 다른 쪽은 작용(用=所)이 있게 된다.

일체법은 쌍방이 서로 마주 설 때 이러한 능소能所의 경계가 나타나는데, 능能은 소所(用)가 있으므로 그 존재가 성립되는 것이며 따라서 소所(작용)는 능能(본체)에 갈무리되어져 있는 것이다. 이와 같이 능소의 피차彼此 관계에서 결국 일여一如가 되므로 '일중일체다중일一中一切多中一 일즉일체다즉일一卽一切多卽一'이라 하나에 모든 것이 들어있고 모든 것에 하나 있으니 하나가 곧 일체요, 일체가 곧 하나인 것이다.

그래서 상즉과 상입 관계는 체와 용으로 구별되는데, 용으로 작용하지 않는 체는 없기 때문에 체를 용의 입장에서 보면 상입相入뿐이며 용用은 체體의 입장에서 보면 상즉相卽 뿐인 것이다.

경허 선사 첫 사자후獅子吼

경허 선사가 36세 되던 1881년 6월 천장암에서 읊은 오도가悟道歌이다.

홀문인어무비공忽聞人語無鼻孔
돈각삼천시아가頓覺三千是我家
유월연암산하로六月燕巖山下路
야인무사태평가野人無事太平歌

홀연히 사람에게서 소가 되어도 고삐 뚫을 구멍이 없다는 말을 듣고
문득 깨닫고 보니 삼천대천세계가 다 내 집이로구나
유월 연암산 저 아랫길에는
들사람 일이 없어 태평가를 부르네

소가 되어도 고삐 뚫을 구멍이 없다(作牛無鼻孔)는 그 말 한 마디에
처처가 본래 공적한 도리를 깨닫고 토해낸 오도가悟道歌이다.

경허가 도를 이루어 부처가 되었다는 소문은 이 작은 암자를 통해서 각처로 퍼져 나갔다. 소문을 듣고 몰려든 사람들이 한결같이 법문을 청하여도 밤이나 낮이나 누워서 잠만 자고 있자, 자신의 손으로 아홉 살의 어린 아이 동욱東旭을 청계사에 데려가 출가시킨 어머니도 20년이 흐른 지금 내 아들이 도道를 이루었다니 너무 기뻐 아들 도인道人의 법문을 듣고 싶어 간청하게 되었다.

그러자 어머니의 간곡한 청을 받아들여 날짜를 잡으니 신도들이 구름같이 몰려들고 경허는 사자좌獅子座에 늠름하게 앉았다. 그 다음 숨을 죽이고 감로법문을 기다리고 있는 대중들 앞에서 경허는 가사 장삼을 벗더니 웃저고리와 속내의까지 벗어버렸다.

그리고는 일어서서 바지와 속옷까지 완전히 벗어버리고, 일부러 불알을 어머니에게 자랑이라도 하듯이 드러내 보이며 말했다.

"어머니 저를 좀 보십시오."

이 일을 벌이고 있는 아들을 보고 놀란 어머니 박씨는 "이 무슨 해괴망측한 짓이냐"며 모인 대중들과 함께 밖으로 도망쳐 버렸다.

그런 다음 경허는 하나하나 옷을 다시 입으면서 말했다.

"저래 가지고 어찌 나의 어머니라고 할 수 있단 말인가. 내가 어렸을 때는 '쉬이' 하시며 내 자지 잡고 오줌을 뉘어 주시고, 씻어 주시던 어머니가 왜 화를 내셨을까? 나는 지금도 내 어머니는 변함없건만 그때 그 어머니는 간곳없고 여자 하나 남았구나. 이 몸이 둘이 아닌 집(無二堂)임을 모르시고 아들을 아들로 보지 못하고 형상形相으로 이성異性으로 보셨구나."

부처님께서 꽃 한 송이를 들어 보이시자 가섭존자가 빙긋이 웃으시며 그 뜻을 받아들이신 염화시중拈華示衆의 미소를 재현하여 만고불변의 무언無言의 사자후를 도하셨건만, 누구 한 사람 앞에 나와 크게 삼배를 올린 사람이 없었던 것이다.

앞산의 딱따구리

만공 선사가 어느 날 동승이 부르는 콧노래를 무심히 듣다가 한 번 크게 불러 보라고 일렀다.

앞산의 딱따구리는 생나무 구멍도 잘 뚫는데
우리 집 멍텅구리는 뚫린 구멍도 못 뚫는구나
아리 아리랑 쓰리 쓰리랑 아라리가 났네
아리랑 흥흥흥 아라리가 났네

만공은 손뼉을 치며 감탄하면서 참 좋은 노래이니 절대로 잊어 버리지 말라고 하시며 말했다.

"원래 참법문은 맑고 아름답고, 더럽고 속악한 경지를 넘어선 것이다. 범부 중생이라 하여도 부처와 똑같은 불성을 갖추고 이 땅에 태어났건만 모두가 원래 뚫린 부처의 씨앗(佛種子)임을 모르고 있어 사람들이야 말로 뚫려 있는 구멍도 뚫지 못하는 딱따구리보다 더 어리석은 멍텅구리라 할 수 있는 것이다. 대도大道란 막힘과 걸림이 없어 원래 훤히 뚫린 것이기 때문에 지극히 가까운 지척에 놓아두고 밖으로만 찾아 헤매는 어리석은 중생들을 풍자한 기막힌 법곡法曲이라 아니 할 수 없는 것이다.”

얼핏 들으면 상스러운 노래인 것 같지만, 민초들의 애환이 담긴 우리 민요 진도아리랑의 흥겨운 노랫가락이다.

서산에 지는 해는 지고 싶어 지느냐
날 두고 가시는 님은 가고 싶어 가느냐.
만경창파에 두둥둥 뜬 배 어기여차 어야뒤어라 노를 저어라.
세월아 네월아 가지를 마라 아까운 우리 청춘 다 늙어간다.
님이 날만치 사랑을 한다면 가시밭 천 리라도 맨발로 가노라.
저 건너 저 가시나 앞가슴 좀 보아라
넝쿨 없는 호박이 두통이나 열렸네.
청천 하늘엔 잔별도 많고 우리네 살림살이 수심도 많다.
문경새재는 웬 고개인고 굽이야 굽이마다 눈물이 난다.
놀다 가세 놀다나 가세 저 달이 떴다 지도록 놀다나 가세
사람이 살면 몇 백년이나 사나
개똥같은 세상이나마 둥글둥글사세
아리 아리랑 쓰리 쓰리랑 아라리가 났네
아리랑 흥흥흥 아라리가 났네.

영화 서편제에서 오정해(송화)와 그 일행이 저녁노을 벗삼아 들

가에서 흥겹게 불러대는 노래가락이다.

이년아 가슴을 칼로 저미는 한恨이 사무쳐야 노래가 나오는 법이여!

딸을 붙잡아 두기 위해 득음得音의 경지에 오르기 위하여

송화의 눈을 멀게 한 아버지의 절규이다.

우리 민요에는 동편제와 서편제가 있다.

그러나 명창名唱이 득음의 경지에 이르면 동서東西는 사라진다.

마치 확철대오하면 시방十方이 공空이 듯이.

낭월당공 朗月當空

問 : 朗月當空時如何
문 : 낭월당공시여하
師云 : 猶是階下漢
사운 : 유시계하한
問 : 云請師接上階
문 : 운청사접상계
師云 : 月落了來相見
사운 : 월락료래상견

제자가 물었다.
밝은 달이 중천에 걸려있을 때는 어떻습니까?
조주 스님이 말했다.
"아직 계단 밑에 있는 사람이네."
제자가 말했다.
"원컨대 스님께서 계단 위로 끌어 올려 주십시오."

조주 스님이 말했다.

"달이 지고 난 다음 오너라."

낭월당공은 화두가 보름달처럼 선명하게 들리는 절대경지를 말한다. 그러나 그 단계도 더 뛰어 넘어 던져 버려야 한다. 즉 소중하다고 생각하는 그것을 버려야 진정한 불지佛智에 오르는 것이며, 밝음이 있다면 아직 어둠의 진영眞影이 남아 있다는 것이다.

불지佛智는 광명光明 그 자체인데 또 허물을 드러낼 필요가 또 있겠는가?

임제할臨濟喝

임제의현臨濟義玄 선사는 산동성山東省 조주남화曹州南華에서 출생하였는데, 어려서는 보통 사람보다 빼어나 특이하고 성장하여서는 효행으로 유명했다.

임제 스님이 황벽 스님 회하에서 수행할 때 그 행이 순수하고 깊이가 있으므로 윗 수좌인 목주 스님이 감탄하여 물었다.

"그대는 여기에 와 있는 지가 얼마나 되는가?"

"삼 년이 됩니다."

"지금까지 조실祖室 스님에게 법法을 물은 적이 있는가?"

"아직 묻지도 않았지만 무엇을 물어야 할지도 모릅니다."

"그대는 어찌 조실 스님께 '불법佛法의 대의大義'를 묻지 않는가?"

이에 임제 스님은 바로 가서 물었다.

그가 묻는 소리가 채 끝나기도 전에 황벽 스님은 바로 몽둥이로 후려갈기니 왜 맞는지도 모르고 기어 나왔다.

목주 스님이 다시 물었다.

"문답은 어떻게 되었는가?"

"제가 묻는 소리가 채 끝나기도 전에 스님은 바로 후려 갈겼습니다. 저는 무엇이 무엇인지 통 모르겠습니다."

"어쨌든 다시 가서 물어보게."

이와 같이 세 번을 묻고 세 번을 얻어맞고 난 후 "이제는 떠나가야 하겠습니다." 하니 목주 수좌가 먼저 황벽 스님에게 가서 말했다.

"이번에 법法을 물은 임제는 대단히 여법진실如法真實하오니 하직 인사할 때에는 잘 지도해 주시기 바랍니다. 앞으로 천하 사람들을 위한 큰 인물이 될 것입니다."

임제 스님이 하직인사를 올리자 황벽 스님이 말했다.

"다른 곳으로 가서는 안 된다. 너는 고안탄두高安灘頭의 대우大愚 스님에게 가거라. 반드시 너를 위하여 설해 줄 것이다."

그리하여 임제 스님은 대우 스님에게 갔다.

대우 스님이 물었다.

"어디서 왔는가?"

"황벽 스님의 회하에서 왔습니다."

"황벽 스님은 무슨 말이 있었는가?"

"제가 불법대의佛法大義를 세 번 물었다가 세 번 몽둥이로 얻어맞았는데, 저에게 잘못이 있습니까? 없습니까?"

"황벽 스님이 그렇게 노파심老婆心이 간절하여서 너를 위해 수고해 주신 것이다. 그런데 여기까지 와서 나에게 바보같이 묻는구나."

그러자 임제 스님은 이 말에 크게 깨닫고 혼잣말처럼 이렇게 말했다.

"'원래황벽불법무다자元來黃檗佛法無多子'로구나!"

이 말을 들은 대우 스님이 바로 임제의 멱살을 움켜쥐고 말했다.

"이 오줌싸개 새끼야, 방금 '잘못이 있습니까? 없습니까?' 하고 묻더니 이제는 '황벽불법은 별것 아니다'고 하니 도대체 너는 무슨 도리道理를 보았느냐, 빨리 말해라."

이에 임제 스님은 대우 스님의 옆구리를 주먹으로 세 번 쥐어박았다. 이렇게 깨친 도리道理를 전하는 데는 말이 필요 없는 것이다.

이에 대우 스님이 말했다.

"너의 스승은 황벽 스님이지 나는 아니다."

그러자 임제 스님은 대우 스님을 하직하고 다시 황벽 스님에게 돌아왔다.

황벽 스님이 임제가 다시 돌아오는 것을 보고 말했다.

"네놈이 이렇게 왔다 갔다만 하면 어느 때에 깨닫겠느냐?"

임제 스님이 말했다.

"다만 조실祖室 스님이 노파심절老婆心切 하기 때문입니다."

"어디에 갔다 왔느냐?"

"저번에 자비하신 지도를 받잡고 대우 스님을 뵙고 왔습니다."

"대우 스님은 무엇이라 말씀하시더냐?"

임제 스님은 대우 스님과의 일을 소상히 말씀드렸다.

황벽 스님이 말했다.

"어떻게든지 이 사람을 붙잡아서 한번 몽둥이를 먹이지 않으면

안 되겠군."

"뭐 멀리 갈 것까지 있습니까? 지금 바로 먹이십시오!"

임제 스님이 손바닥으로 황벽 선사의 뺨을 갈겼다.

"이 미친놈이, 여기에 돌아와서는 호랑이 수염을 만지는구나."

그러자 임제 스님은 바로 "할喝" 했다.

이렇게 제자로서 스승의 뺨을 갈김으로써 지극한 효심을 보이신 것이다.

후일 이를 두고 위산潙山 스님이 앙산仰山 스님에게 물었다.

"임제 스님은 당시에 대우 스님의 은혜를 입었느냐? 황벽 스님의 은혜를 입었느냐?"

이에 대하여 앙산仰山 스님이 말했다.

"호랑이의 머리를 탈 뿐만 아니라 또한 호랑이의 꼬리를 붙잡을 줄도 알았습니다."

민국閩國에서 천하에 제일이라는 남자 도적盜賊 후백이 진귀한 보물을 훔쳐 등에 메고 길을 가다가 후흑이라는 여자 도적을 만났다.

후흑은 길가의 우물을 가리키면서 우물 속에 떨어뜨린 물건을 꺼내달라고 애원했다. 말인즉 그것은 귀걸이인데 백 냥百兩의 값이 있는 보물寶物이라, 꺼내 주면 오십 냥五十兩을 주겠다고 한다. 후백은 기뻐서 옷을 벗고 우물 속으로 들어갔다.

그 사이에 후흑은 후백이 훔쳐놓은 보따리와 벗어 놓은 옷까지 몽땅 다 가지고 벌거숭이를 만들어 놓고 도망가 버렸다.

착어着語:

장위후백將謂侯白이러니

갱유후흑更有侯黑이로다

장차 후백이라 일렀더니

다시 후흑이 있도다.

억!

임제 스님은 그 후 많은 후학들을 "할"로서 배출하였으며, '수처
작주隨處作主 입처개진立處皆眞'이라. "어느 곳에서든지 주인공主人公
(참사람眞人)이 되면 그 서 있는 곳은 다 진실眞實한 것이다."라고 하
였고, 밖을 향하여 공부하는 것은 다 크게 어리석은 놈이다.

또한 한생각 마음 위에 청정한 광명光明 이것이 네 자신 속의 법
신불法身佛이요, 너의 한생각 마음 위에 분별없는 광명光明 이것이
네 자신 속의 보신불報身佛이며, 차별 없는 광명光明 이것이 화신불
化身佛이다.

이 세 가지 불신佛身은 지금 목전에서 법문을 듣는 사람인 네 자
신이니, 이는 오직 밖을 향하여 달려 구하지 않기 때문에 이런 공
용功用이 있는 것이며, 이렇게 심법心法은 형상이 없어서 시방세계
를 꿰뚫어 통하고 있다.

"네가 만일 생각 생각에 밖으로 구求하는 마음을 쉬면 바로 조사
祖師인 부처와 다르지 않다고 하여 심즉시불心卽是佛이라."

그대의 마음이 곧 부처임을 강조하셨다.

덕산방德山榜

덕산선감德山宣鑑 선사(782-865)는 당나라 사천성四川省 검남 출신
으로 어려서 출가하여 교학과 율장을 깊이 연구했으며, 항상 특히
『금강경金剛經』을 앞뒤로 암기할 정도로 통달하여 주금강周金剛이
라고 불렸다.

그 당시 남방에서는 '교외별전敎外別傳 불립문자不立文字 직지인심
直指人心 견성성불見性成佛'이라. 문자를 세우지 않고 교학을 떠나 사
람의 마음을 바로 가리켜 스스로 성품性品을 보게 하는 선종禪宗이
있다는 데 크게 분개하여 『금강경 소초』를 등에 지고 길을 떠났다.

풍주라는 곳에 이르러 마침 점심 때가 되어 길가에서 떡을 파는
노파에게 떡을 주문하니, 엉뚱하게 덕산의 걸망 속에 무엇이 들어
있느냐고 묻는다.

"『금강경소』가 들어 있소."

"그러면 혹시 북방의 주금강이라는 큰스님이 아니시오?"

"그렇소."

"그럼 한 가지 묻겠소. 『금강경』에 '과거심불가득 현재심불가득

미래심불가득'이라 했는데, 스님께서는 방금 점심을 드시겠다고 하셨는데, 이 중 어느 마음에다 점點 하시렵니까?"

천하의 주금강도 여기에서 말문이 막히고 말았다.

점심도 굶은 채 노파에게 물었다.

"이 근처에 큰스님이 계신다는데……."

"예, 계시지요. 여기에서 조금만 더 가면 용담원龍潭院이라는 선원에 숭신崇信이라는 거룩한 스님이 계십니다."

덕산은 숭신 선사를 찾아가 뵙고 인사말을 던졌다.

"듣는 소문에 용담龍潭이라고 하여 와보니, 용龍도 없고 용이 사는 못(潭)도 없구만."

덕산이 교만驕慢을 떨면서 묻자 이에 숭신 선사가 대답했다.

"참으로 자네가 용담에 왔네."

이에 덕산은 또 말문이 막혀버렸다. 덕산은 깨쳐서 반야지혜般若智慧를 살려 자유자재한 활룡活龍은 보지 못한 것이다.

어느 날 숭신 선사와 참문하다가 자기의 처소로 돌아가려고 방장 문을 열고 밖으로 나가니 숭신 선사가 용심지(紙燭)에 불을 당겨주니 덕산이 이를 받아들고 신발을 찾으려는 순간, 숭신이 훅하고 불을 꺼버리니 다시 암흑이 되었다.

"너의 반야지혜 광명으로 봐야지!"

숭신이 소리치는 순간에 덕산은 확철대오하고, '사교입선捨敎入禪'이라. 교敎를 버리고 선禪에 들어 대자재大自在의 묘법妙法을 증득

證得, 묵묵히 예배로서 시은施恩에 보답하였다.

"도대체 무슨 도리道理를 보았는고?"

숭신이 물었다.

"예, 이제부터 천하의 노화상老和尙들의 말씀을 의심치 않겠습니다."

그리고 다음 날 덕산은 그가 평생을 바친 『금강경소』를 모두 불태워 버린 뒤 거기에다 말뚝을 세우고 다음과 같은 사자후를 써 붙였다.

"부처가 오면 부처를 죽이고, 조사가 오면 조사도 죽이리라(殺佛殺祖)."

덕산은 그 후부터 후학들에게 제접할 때 누구에게나 몽둥이로 때려 눕혔다. 이것이 그 유명한 '덕산방德山榜'이다.

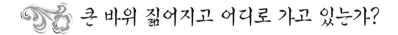# 큰 바위 짊어지고 어디로 가고 있는가?

지장계침 선사(867-928)가 법안 선사(885-958)에게 뜰 앞의 바위를 가리키며 물었다.

"저 바위는 자네 마음속에 있는가. 아니면 마음 밖에 있는가?"

"마음속에 있습니다."

"그대는 무슨 사정이 있기에 그 큰 바위를 마음속에다 넣고 다니는가, 무겁지도 않은가?"

여기에서 말문이 막혔다. 마음은 속과 밖이 따로 있는 것이 아니다. 크기로 말하면 영겁외永劫外에 펼쳐 있고, 작기로는 겨자씨 속에서 자유자재自由自在하고 있으며, 눈앞에 나타나 있는 만상萬像이 모두 마음(佛法) 아님이 없는 것이다.

모든 생각들의 근원根源은 육체의 감각기관 한계 내에서 받아들인 외부의 인식과 그동안 주입된 지식과 축적된 경험이다. 이 근원들도 육체를 부리는 나의 입장에서 보면 본래의 참나가 아니다.

그리고 느끼는 감정들은 자신이 갖는 기준점과 인식해서 받아들여진 것의 평가에 의해서 만들어내는 것이며, 욕심 때문에 어느 한쪽에 치우쳤던 것을 반성하고 가아假我(ego)를 내려놓았을 때 참나로부터 지혜가 나와 활동하게 되는 데서 기적이 일어나게 된다.

사람마다 나름대로 과거 상대에게 주었던 마음의 상처나 받았던 아픔을 지우지 못하고 원한이라는 이름으로 마음속에서 키워 온 보이지 않는 큰 바윗덩어리들을 평생 짊어지고 다니느라 심신이 고달프고, 업業이라는 이름으로 영겁永劫에 이어지는 것이다.

달마대사의 『이입사행론』의 보원행報怨行에 보면, 내가 고통을 받을 때 과거의 업보임을 알고 인욕하는 것인데, "내가 옛날부터 수없는 겁劫 중에 근본을 버리고 모든 미혹의 경계를 지나면서 무수한 원한과 증오를 일으켜 잘못되게 하거나 해친 적이 많아 지금은 비록 바르게 행동한다 하여도 이것은 속세에 지은 죄이며, 악한 행의 열매가 익은 것이지 하늘이나 다른 사람이 주는 것이 아니다." 하고 받아들여 원망하지도 하소연하지도 말아야 되는 것이다.

이런 마음이 생길 때 모든 원한이나 원망이 상응相應하여 도道로 나가니 이를 보원행이라 한다.

수연행隨緣行은 "나에게 좋고 나쁜 인연이 닥치더라도, 모두 내가 짓고 받는 것임을 알아 마음에 동요가 없게 하는 것인데, 어쩌다 좋은 과보를 얻어 부귀영화를 누린다 하더라도 이것은 내가 과거 세상에서 지은 업業의 인연으로 지금은 누리지만 인연이 다하면 없어질 것이니 어찌 기뻐할 일이겠느냐?"라고 생각하고 얻거나 잃는 것을 인연에 맡겨두고 마음으로는 더하거나 덜하는 마음을 없애 좋거나 궂은 바람에 움직이지 않으면 도道에 고요히 따르는 것이므로 수연행隨緣行이라 한다.

그러니 자업자득自業自得이라, 자기가 짓고 자기가 받는 것이니, 남의 탓할 것이 무엇이 있겠는가?

그런데 모두가 식識 놀음에 평생을 자기 쪽의 수지 계산에 희비 쌍곡선을 그으며 자기 잘났고 남의 탓만 하며 살아가고 있으니, 도道에 이르지 못하는 것이다.

종두생두영수형種豆生豆影隨形
삼시업과여경조三時業果如鏡照
자작자수무회피自作自受無回避
나득원천갱우인那得怨天更尤人

콩 심은 데 콩 나고 그림자는 형상을 따른다
과거 현재 미래에 지은 인과因果가 거울에 비추이듯
자신이 지어 그대로 받는 것을 피할 수 없는 것이니
하늘이나 그 밖에 누구를 원망怨望하리.

우리가 허망虛妄하고 무상無常하다는 색色(현상)에 머무르지 않으면서, 유有와 무無를 초월하여 현상계를 수용하되, 그 본질은 공空이라는 사실을 깨닫고 집착執着에서 벗어나 자성청정自性淸淨의 진공계眞空界에 드는 것이 바로 도道에 이르는 길이다.

달마대사達磨大師와 양무제梁武帝

『벽암록碧巖錄』에 불조전등佛祖傳燈 28조이신 달마대사達磨大師는 남인도국 셋째 왕자로 태어나 반야다라般若多羅 존자의 법을 잇고 중국 남북조시대(520년)에 건너와서 양무제와 인연이 맞지 않자, 위나라 소림굴小林窟에서 면벽面壁 9년 후에 2조 혜가慧可에게 법을 전하셨다.

양무제가 달마 스님을 처음 만나서 물었다.

"짐이 전국에 절을 일으키고 스님들을 출가시켰으니 어떠한 공덕이 있습니까?"

달마 스님이 대답했다.

"무공덕無功德(공덕이 없다)."

양무제가 다시 물었다.

"여하시성체제일의如何是聖諦第一義(어떤 것이 성스러운 진리의 뜻)입니까?"

달마 스님이 대답했다.

"확연무성廓然無聖(크게 비어서 성스러움이 없다)."

양무제가 다시 물었다.

"대짐자수對朕者誰(짐을 대한 자는 누구입니까)?"

달마 스님이 대답했다.

"불식不識(모른다)."

달마대사는 동토東土에 대승근기가 있음을 관觀하시고 바다를 건너 미혹한 중생에게 문자를 세우지 않고 오직 사람의 마음을 가리켜서 자성自性을 보아 부처를 이루도록 '직지인심법直指人心法'을 전하기 위하여 오신 것이다.

그러나 문자를 앞세우는 교가敎家의 시비득실是非得失의 분별심으로는 진속불이眞俗不二의 확연무성廓然無聖을 무제는 알아듣지 못했고, 무제가 유루공덕有漏功德에 걸려있기 때문에 달마가 무루공덕無漏功德을 알려준 것이라고 해석하는 것은 대사의 진면목眞面目을 보지 못한 것이며, 달마는 배고픈 사람에게 실제로 떡을 먹여 주림을 면하게 하신 것이나, 교가敎家의 법문은 떡 이야기만 하고 있는 것이다.

양무제는 가사를 입고 스스로 『방광반야경放光般若經』을 강설하여 하늘에서 꽃비가 내리고 땅이 황금으로 변하는 감응을 얻었는지라, 천하에 절을 짓고 탑을 쌓았으며 수많은 스님을 배출하여 부처님의 교법에 의지하여 수행하니 사람들이 불심천자佛心天子라 하였다.

이러한 양무제도 달마대사가 '차시관음대사此是觀音大師 전불심인

傳佛心印'이라. 관음대사로 부처님의 마음을 전하기 위하여 오신 것을 알지 못하니, 갈대에 몸을 실어 위나라 숭산에 있는 소림사로 가신 것이다.

육조혜능 스님의 공덕에 대한 말씀을 들어보자.

"달마대사께서 처음 양무제를 교화하실 때 양무제가 묻기를 '짐이 일생 동안 절을 짓고 스님들을 공양하며 재를 올린 일의 공덕이 얼마나 됩니까?' 하니 달마대사께서 '실로 공덕이 없습니다.' 하셨다는데, 그 깊은 뜻을 가르쳐 주십시오."

"실로 공덕이 없는 것이다. 무제가 마음이 삿되어 바른 법을 모르고 베푼 것은 그 이름이 복을 구했을 뿐이다. 공덕은 법신 가운데 있고 복을 닦는 데 있지 않느니라."

대사께서 또 말씀하셨다.

"성품을 보는 것이 공功이요, 평등이 덕이니 생각 생각에 막힘이 없어서 항상 본성本性의 진실한 묘용妙用을 보는 것을 이름하여 공덕功德이라 하느니라.

안으로 마음을 겸손히 하고 낮추는 것이 공功이요, 밖으로 예禮를 행함이 덕德이며, 자성이 만법을 세우는 것이 공功이요, 마음 자체가 생각을 떠난 것이 덕德이며, 자성을 떠나지 않음이 공功이요, 쓰지만 물들지 않는 것이 덕德이니라.

만약 공덕법신功德法身을 찾으려 하면 다만 이렇게 하는 것이 참공덕功德이 되는 것이니 이에 의지해야 하느니라.

만약 공덕功德을 닦는 사람이라면 마음으로 경멸함이 없고 공경

함을 항상 널리 행해야 할 것이니라. 마음으로 늘 남을 업신여기고 나(我)라는 생각이 끊어지지 않으면 곧 스스로 공功이 없는 것이며, 자성自性이 허망하여 진실하지 못하면 곧 그것이 덕德이 없는 것이다.

선지식이여, 생각 생각에 간격이 없는 것이 공功이며, 마음이 평등하고 곧은 것을 행하는 것이 덕德이다. 공덕은 다만 자성을 안으로 보는 것일 뿐, 보시나 공양으로 구해지는 것이 아니다."

이렇게 공덕功德은 본래 청정한 법신불法身佛의 행인 것이다.

직지인심별전지直指人心別傳旨
흑사칠혜명여일黑似漆兮明如日

곧게 사람 마음을 가리켜 특별히 전한 뜻은
검기로는 옻칠 같고 밝기로는 해와 같도다.

약인구병출금병藥因求病出今瓶
구구원래팔십일九九元來八十一

약은 병자를 살리기 위하여 병속으로부터 나오나니
구구는 원래 팔십일이로다.
억!

무심도인無心道人 음관수월音觀水月 선사

    수월 선사水月禪師는 경허 선사鏡虛禪師의 삼월三月로 불리는 혜월慧月·만공滿空 중 맏이로, 경허 선사께서는 만공은 복이 많아 대중을 많이 거느릴 테고, 정진력은 수월을 능가할 자가 없고, 지혜는 혜월을 당할 자가 없다고 하셨다.

    선사는 1855년 충남 홍성에서 태어났다. 일찍이 부모님을 여의고 남의 집 머슴살이를 하다가 29세 되던 해 경허 스님의 친형인 서산 천장암 주지 태허성원太虛性圓 스님을 은사로 출가하였으나, 글을 배우지 못하여 땔나무를 해 오는 부목負木과 공양주 노릇을 하다가, 어느 날 법당에서 예불 중 천수다라니를 듣고 바로 외워 나무를 하거나 밥을 지을 때 일심으로 암송하였다.

    하루는 성원 스님이 밖에서 일을 보고 절에 들어오는 길에 물레방앗간 앞을 지나고 있었는데, 물레방아에 물이 세차게 떨어지고 있건만 방앗공이의 소리가 들리지 않아 자세히 보니 수월 행자가 돌 속에 머리를 박은 채 자고 있는 것이었다. 깜짝 놀라 재빨리 수월 행자를 끌어내자마자 방앗공이가 다시 방아를 찧기 시작하는 신기한 일을 목격하였다.

그 후 수월 행자에게 사미계를 주었고, 그해 어느 날 성원 스님이 불공을 드리다가 마지 오기를 기다리고 있었는데 오지 않아 이상히 여기고 공양간에 가보니 밥 타는 냄새가 진동한데 수월 스님은 442자 대비주를 외우면서 계속 아궁이에 장작을 넣고 있었다. 삼매에 드신 것이다.

이를 본 스님이 "오늘부터는 나무 하고 밥 짓는 일을 하지 말고 방을 하나 줄 터이니 마음껏 대비주 기도를 해 보라." 하니 가마니 한 장을 가지고 방문 안쪽에 걸어 빛이 못 들어오게 해 놓고 밤낮으로 대비주를 독송하는데, 일주일이 되는 날 문 밖으로 뛰쳐나오면서 "잠을 쫓아냈습니다." 하시며 춤을 추었다.

그날 밤 천장암 아랫마을 사람들이 천장암 근처에 붉은 불기둥이 일어나 환히 밝히는 것을 목격했다고 한다. 수월 스님의 몸에서 나오는 방광放光이었다.

이때 수월 스님은 천수삼매千手三昧를 이루어 무명無明을 타파하고 깨달음을 얻었을 뿐 아니라, 한번 들으면 잊어버리지 않는 불망염지不忘念智를 증득하셨고 앓는 사람의 병을 고쳐주는 신통神通을 얻으셨다.

이전까지는 글을 몰라서 경전도 읽지 못하고 신도들의 축원도 못하셨지만, 이후부터 어떤 경전을 놓고 뜻을 물어봐도 막힘이 없었으며 수백 명의 축원자들의 이름도 한번 들으면 외우셨다고 한다.

1896년 지리산 천은사泉隱寺 상선암上禪庵에 계실 때도 방광放光

(육문상방자금광六門常放紫金光)하셨다.

스님이 만주와 러시아 국경 사이에 있는 흑룡강성의 수분하綏芬河에 있는 관음사에서 6년 동안 신분을 감추고 한 젊은 스님과 함께 계셨는데, 우연히 머물게 된 독립군에게 "그 스님이 내게 무신 행패를 부리고 욕지거리를 퍼부어도 나는 한순간도 성내는 마음이 일지 않았어. 나는 그런 내 보림 생활이 참으로 기쁘고 즐거웠던겨. 그러니 그 젊은 스님은 내게 더 없이 소중한 스승이었단 말여." 그리고 "열심히 수행하라, 오직 이 마음 하나 비우면 그만인겨. 세상에서 마음 비우는 일보다 더 어려운 게 없어 또 참는 일보다 더 어려운 일도 없고." 하시며, "자네는 뒷날 꼭 중이 되고 말겨. 중이 되더라도 딴 생각하지 말고 아는 척하지 말고 어리석게 열심히 공부만 해라. 공부는 보림이 중요한 법이여." 하셨단다.

물론 그 독립군은 나중에 중이 되었다. 스님은 지금의 연변과 흑룡강성의 두만강 가의 일광산 화엄사에 주석하시면서 항일투쟁을 하는 독립군들과 실향민들에게 밤이면 짚신을 삼아 나무에 걸어 놓고, 날이 밝으면 소를 키우며 주먹밥을 지어 주고, 아픈 사람을 돌보시는 보살행을 하시며, 산 짐승과 날 짐승과도 놀아 주시고 때로는 호랑이를 데리고 다니셨다 한다.

그 당시 금오金烏 · 효봉曉峰 · 청담靑潭 등 많은 선지식들이 목숨을 걸고 험난한 길을 찾아왔다. 청담 스님도 3개월 여간 스님과 함께 하셨는데, 김밥과 짚신을 싸주시며, 자꾸 조선으로 돌아가라고 하셔서 마지막 절을 올리자, 스님은 청담에게 곳간에 있는 괭이를 가지고 오게 한 다음 바로 눈앞 마당에 박혀있는 돌멩이를 가리키시며, "지게 무엇인가?" "돌멩이입니다." 하니 그 괭이로 돌멩이를 확 쳐내 버리시고 뒤도 안보고 들판으로 나가신 것이 스님과의 마지막 순간이었는데, 청담 스님은 스님이 주신 이 화두話頭를 수행으로 삼으셨다고 한다.

이것은 깨친 도인만이 보여 주실 수 있는 무언無言의 사자후獅子吼이다.

그 일 년 후 스님은 1928년 7월 16일 세수 74세 법랍 45세로 간도의 한 계곡 바위에 알몸으로 짚신을 머리에 이고 좌탈입망하셨는데, 방광放光이 일주일 내내 멈추지 않았다 한다.

지난해 세수 103살로 입적하신 나의 은사 스님이신 태고사 도천선사道川禪師가 수월 스님의 직계 손상좌孫上佐이시니 나는 증손상좌曾孫上佐가 된다.

나의 맏형 되시는 대한불교조계종 원로의원이신 명선 대종사(여수 흥국사 회주)의 수십 번 넘는 현지 방문으로 수월 스님의 행적과 자료를 수집하고 중국 두만강이 내려다보이는 연길성 도문 일광산에 조선족자치불교협회가 주관되어 옛 화엄사 터에 수월 스님을 기리는 30만 평에 달하는 방대한 대작불사가 마무리중이다.

구전으로 전해지는 스님의 법문이다.

"사람 몸 받았을 때 성불하라! 도를 닦는다는 것이 무엇인고 하니, 마음을 모으는 거여. 별것 아녀. 이리 모으나 저리 모으나 무엇을 해서든지 마음만 모으면 그만인겨. 나는 순전히 천수대비주로 달통한 사람이여. 주문을 외든지, '하늘 천 따 지'를 하든지 마음만 모으면 되는겨. 옛 세상에는 참선을 해서 깨친 도인들이 많았는디 요즘에는 참 드물어. 까닭이 무엇이여? 옛날 스님들은 스스로 도를 통하지 못했으면 누가 와서 화두참선법을 물으면 '나는 모른다'며 끝까지 가르쳐 주들 않았어.

깨친 도인만이 전생에 공부하던 화두를 찾아 바로 알려 주시거든. 한생각으로 마음을 몰아붙여 오로지 한길로만 애쓰다가 도를 통하기도 했어. 염불을 열심히 하여야 할 사람이 딴 공부를 하니 잘 안 되는겨. 또 '한 집안에 천자 네 명 나는 것보다 도를 깨친 참 스님 한 명 나는 게 낫다.' 만일 중이 되어 도를 통할 것 같으면, 그 공덕으로 모든 조상 영령들과 시방삼세의 중생들이 다 이고득락離苦得樂 할 것이니, 이 얼마나 좋으냐 말여.

참으로 사람 되기가 어렵고 천상천하에 그 광명이 넘치는 불법 만나기가 어려운데 말이지. 사람 몸 받아 가지고도 참나를 알지 못하고 참나를 깨치지 못하면 이보다 더 큰 죄가 어디 있을겨. 부처님께서도 '나도 너를 못 건져준다. 니가 니 몸 건져야 한다.' 하셨어.

이렇게 사람 몸 받고도 공부를 이루지 못하고 그냥 죽어봐라, 다 쓸데없다."

인신난득人身難得

불법난봉佛法難逢

차신불향금생도此身佛向今生度

갱대하생도차신更待何生度此身

사람 몸 받기 참으로 어렵고

불법 만나기란 더욱 어려운데

이 몸 받았을 때 깨쳐 불도를 못 이루면

어느 생에 다시 사람 몸 받아 생사의 굴레에서 벗어나 대자유인

이 되겠는가?

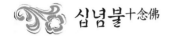

십념불十念佛

오조홍인五祖弘忍 스님이 이르기를, "자기의 참 마음을 지키는 것이 시방의 모든 부처님을 생각하는 것보다 낫다." 하였다.

육조혜능六祖慧能 스님은 "딴 부처님만 생각하여서는 생사를 면치 못할 것이요, 자기의 본심을 지키면 곧 저 언덕에 이른다." 하였고, 또한 "부처는 제 성품 속에서 지을 것이요, 몸 밖에서 구하지 말라."라고 하시고, "모르는 사람은 염불하여 극락세계에 나기를 원하지만 깨친 사람은 그 마음을 깨끗이 할 뿐이다. 중생은 마음을 깨쳐서 절로 건지는 것이요, 부처님이 중생을 건지는 것이 아니다."라고 하였다.

아미타는 우리말로 '끝없는 목숨' 또는 '끝없는 빛'이란 뜻이니 시방과 삼세에 첫째 되시는 부처님의 명호이다. 그 닦을 때의 이름은 법장法藏 비구였는데 세자대왕 부처님 앞에서 사십팔원을 세우고 말씀하시기를 "내가 성불할 때에 시방의 한량없는 많은 세계의 모든 하늘 사람과 인간은 물론이요, 작은 벌레들까지라도 나의 이름을 열 번 부르는 이는 반드시 나의 세계에 태어날 것이다. 만일 이 원願이 실현되지 못한다면 나는 성불하지 않겠노라." 하였다.

옛말에 "염불 한 마디에 악마들의 가슴이 떨리고 그 이름이 저승 문서에서 지워지고, 연꽃이 금못에서 나온다." 하였으며, 참법에 이르기를 "제 힘과 남의 힘이 하나는 더디고 하나는 빠르다. 바다를 건너가려는 사람이 나무를 심어서 배를 만들려면 더딜 것이니 그것은 제 힘에 비유한 것이요, 남의 배를 이용해서 바다를 건넌다면 빠를 것이니, 그것은 부처님의 힘에 비유한 것이다." 하였다.

또한 "어린아이가 물이나 불에 쫓기어 큰 소리로 부르짖게 되면, 그 부모가 듣고 급히 달려와서 구원하는 것과 같이, 사람이 임종에 큰 소리로 염불한 즉 부처님의 신통으로 반드시 오셔서 맞아 가리라. 그것은 부처님의 자비慈悲는 세속의 부모보다도 더 깊으시고 중생의 나고 죽는 고생은 물이나 불보다도 더 참혹한 까닭이다."라고 하였다.

부처님이 친히 말씀하시기를 "서방정토가 여기서 멀다. 십만팔천 국토를 지나야 한다."라고 하신 것은 둔한 사람들을 위하여 말씀하신 것이다. 또한 "마음이 곧 부처이고 아미타불이다."라 하신 것은 영리한 사람들을 위하여 성품을 가르치신 것이다. 그러므로 조사의 문하에도, 혜원과 같은 이는 아미타불을 부른 이가 있었고, 서암은 주인공을 불렀다.

십념十念(열 번 염불)이란
열은 가득 찬 숫자이며 끝마치는 숫자이다. 그러므로 열 번 염불

한다는 것은 신구의身口意의 삼업三業 전부와 시간 전체를 다 바쳐 빈틈없이 염불하는 것을 말한다. 일념一念 곧 한생각으로 염불한다는 것도 한 번만 생각한다는 말이 아니요, 한결같은 생각, 또 생각 없는 생각을 말함이니, 열 번이 곧 일념이다.

왕생연태往生蓮胎(연꽃 태속에 난다)

시방세계의 어떤 중생이든지 염불하기 시작하면 곧 극락세계의 금지金池(금못)에 연꽃봉오리가 맺히고, 그 사람의 신심과 정진에 따라 그 꽃봉오리가 커지는 것이다.

그러다가 그의 세상 인연(世緣)이 다하게 되면 그의 영식靈識이 곧 극락세계에 가서 그 꽃봉오리 속에 입태入胎하게 되어 십이 겁十二劫을 지낸 뒤에 그 꽃이 피면서 비로소 하품하생下品下生에 태어나게 된다. 십이 겁을 말함은 십이인연법十二因緣法을 깨치고야 완전히 극락세계에 난다는 뜻이다.

그러므로 사바세계에서도 깨치면 극락세계의 사람이 되는 것이요, 깨치지 못하면 극락세계에 갔더라도 나지는 못하는 것이다.

사십팔원四十八願의 주요 내용

1. 그 나라 안에는 온갖 고통과 비참한 일이 아주 없을 것.
5. 모두 육신통이 있을 것.
15. 모두 끝없는 수명壽命과 한량없는 광명光明을 가질 것.
18. 어느 세계의 어떤 중생이나 그 이름(아미타불)을 열 번만 부

르면 극락세계에 태어날 것.

33. 시방세계의 어떤 중생이나 모두 그의 빛을 쏘이면 그 몸과
마음이 아름답게 될 것.

출가해서 중이 되는 것이 어찌 작은 일이랴?

몸을 편안하게 하려는 것도 아니요, 따뜻이 입고 배불리 먹으려
는 것도 아니며, 명예와 재물을 구하려는 것도 아니다. 나고 죽음
을 면하려는 것이며, 번뇌煩惱를 끊으려는 것이요, 부처님의 지혜
목숨을 유지하려는 것이며, 삼계三界에 뛰어나서 중생을 건지려는
때문이다.

어찌 하늘을 찌를 대장부라 아니할 수 있겠는가?

법륜法輪을 굴려라

법륜은 산스크리트어 다르마 차크라(Dharma-Cakra)로 부처님의 가르침(法)을 차바퀴(輪)에 비유하여, 부처님의 가르침을 널리 펴 그 은혜에 보답하는 것을 불제자로서 제일의 요체要體로 삼는다.

핫타까 장자가 500명의 대중을 거느리고 부처님을 찾아뵈니, 부처님께서 어떤 법으로 이끌어 가는가?

부처님께서 설하신 사섭법입니다.

"장하다 장자여" 하셨다.

보살이 중생을 제도하고 전법傳法하기 위하여 행하는 네 가지 기본 행위를 사섭법四攝法이라고 한다.

보시섭布施攝 : 첫째 재시財施로 재물을 기꺼이 베풀어 중생을 가난에서 구해 주고, 둘째 법시法施로 『금강경』 한 구절이라도 모르는 중생에게 알려 주는 공덕은 항하사 모래로 보탑寶塔을 쌓은 보시布施보다 더 수승하다고 하였다.

애어섭愛語攝 : 보살이 언제나 온화한 얼굴과 부드러운 말로 중생을 불교의 진리 속으로 들어오게 하는 行을 말한다.

이행섭利行攝 : 보살이 자기 몸을 희생하여 어려운 일을 마다하지 않고 중생을 돌보며, 말과 생각으로 중생을 이익되게 하고 선행善行을 베풀어 불도佛道에 들어오게 하는 것이다.

동사섭同事攝 : 보살의 동체대비심同體大悲心에 의하여 함께 일하고 생활하는 가운데 자연스럽게 교화敎化하는 것이다.

신라시대 원효대사는 거지와 땅꾼 등 소외받는 계층과 함께 생활하면서 어린이와 노인에 이르기까지 춤추고 노래(無碍歌 無碍舞)하면서 불교의 참된 가르침을 폈으며, 조선 중기의 고승 언기대사(1581-1644)는 오도悟道한 뒤 양치기를 하면서 동물과 하나가 되는 수행을 닦았고, 숯과 물장수를 하며 대동강 기에서 기지와 고아들을 모아 함께 생활하면서 교화하여 당시 평양에는 거지의 모습을 찾아 볼 수 없었다고 한다.

옛 말씀에 이런 구절이 있다.

가사정대경진겁假使頂戴經塵劫
신위상좌변삼천身爲牀座徧三千
약불전법도중생若不傳法度衆生
필경무능보은자畢竟無能報恩者

부처님 경전을 머리에 이고 수억 겁을 돌고

몸을 평상과 의자를 만들어 삼천세계에 두루해도

부처님 가르침을 포교布敎하지 않으면

필경에 부처님의 은혜를 갚지 못한 것이 된다.

사지四智와 육신통六神通

지智는 사번뇌四煩惱인 아치我癡 · 아견我見 · 아만我慢 · 아애我愛의 속박에서 벗어난 자아를 지智라 하고, 벗어나지 못한 자아를 식識이라 한다.

우리가 지향하는 수행의 과果인 성불은 식識을 지智로 완전히 전환함으로써 이루어지는 것이다.

이러한 반야지혜般若智慧는 우주의 생명이며 일체 제불의 어머니이고, 우주의 진리를 손바닥 위에 있는 구슬을 보듯 환하게 볼 수 있고 알 수 있는 지혜이다.

성소작지成所作智

안眼 · 이耳 · 비鼻 · 설舌 · 신身의 오식五識(感情의 誤謬−알음알이)이 정화되어 나타나는 지혜이다. 부처님의 지혜 가운데 첫 번째인 성소작지는 '행할 것을 성취한 지혜'인데 이는 대자비의 실현으로 고뇌하는 중생들의 고통을 없애고 근기根機에 따라 바라는 즐거움을 주는 행行이다.

중생이 믿음과 발원으로 기도하면 가히 생각할 수 없는 변화로 '부사의지不思議智'를 성취한 지혜라고도 한다.

우리가 행하는 칭명염불稱名念佛과 아미타불의 본원력本願力은 이 성소작지를 믿고 행하는 것이다.

아미타불재하방阿彌陀佛在何方
착득심두절막망着得心頭切莫忘
염도염궁무념처念到念窮無念處
육문상방자금광六門常放紫金光

아미타불 어느 곳에 계시는가
마음깊이 새겨두고 잊지 마소
생각 다해 무념처에 이르르면
여섯 문에 금색광명 나투리라.

나옹 선사懶翁禪師 게송이다. 중생들의 근기根機에 따라 다르지만 범부는 아미타불 십념왕생十念往生을 믿고 행하면 부처님의 자비광명의 힘(加被)을 입게 되는 것이다.

예로, 천 년 동안 쌓여진 풀이 그 높이가 백 리가 되지만 성냥개비 하나로 하루에 모두 소진燒盡될 수 있고, 앉은뱅이가 돛단배를 타고 바람의 힘을 빌린다면 하루에도 능히 천 리를 갈 수 있는 것이다.

묘관찰지妙觀察智

육식六識인 의식意識(錯覺의 오류—分別意識)이 정화되어 나타나는 지혜智慧이며, 시방세계의 모든 국토를 관찰하고 과거 · 현재 · 미래의 아주 세밀한 것을 꿰뚫어 볼 수 있는 지혜이다.

평등성지平等性智

칠식七識인 말나식末那識(慾心—自意識, Ego) 앞의 의식을 자기 것 화化하는 탐심이 정화되어 나타나는 지혜이며, 자아에 대한 집착을 떠나 자타自他의 평등을 깨달아, 내면의 모든 대립, 모순, 갈등 등이 전부 해소되어 한마음이 되는 지혜이다.

대원경지大圓鏡智

팔식八識인 아뢰야식阿賴耶識(觀念—藏識—輪廻의 主體, 블랙박스)은 모든 것을 있는 그대로 비추어내는 크고 맑은 거울처럼 번뇌에 오염된 아뢰야식을 변혁하여 얻은 청정한 지혜이다.

아뢰야식의 미세 망념妄念을 다 끊은 대원경지는 크게 죽어서 다시 살아난 무심無心 · 무념無念 · 무생無生 · 무주無住이며 따라서 찰나 간에 증證한 견성見性이다. 그래서 중생은 업식業識을 부리고, 부처는 반야지혜般若智慧를 쓰는 것이다.

육신통六神通

오신통五神通은 천리 밖을 보는 것을 천안통天眼通, 천리 밖의 소리를 듣는 천이통天耳通, 남의 마음을 꿰뚫어 보는 타심통他心通, 과거세를 알 수 있는 숙명통宿命通, 어디든 뜻대로 갈 수 있는 신족통神足通이다.

누진통漏盡通

누진통은 마음의 번뇌가 사라지고, 육근불루六根不漏의 경지로 원기元氣가 더 이상 새어 나가지 않는 경지이며, 이는 공空의 세계를 증득하고 진리의 씨앗인 여의주如意珠를 얻은 아라한阿羅漢 이상의 경지에 올라야 얻을 수 있으며, 이 누진통을 얻어야 오신통을 자유자재로 굴릴 수 있는 것이다.

어렸을 적에 실수했을 때, 사지육신에 멀쩡한 녀석이 하시며, 화내시던 어머니가 생각난다. 우리 누구나 사지와 육신통을 이미 구족하고 있으니 부지런히 수행으로 발현發現하여 쓰고 쓸 따름이다.

금세기 과학문명科學文明의 눈부신 발전으로 38만4,000Km 거리에 있는 달까지 인간이 오가는 세상이 되었으며, 미국 럿거스대 연구팀은 칠레 북부 아타카마에 있는 천체 망원경과 미항공우주국(NASA)의 챈드라 X선 우주망원경을 통하여 지구에서 약 70억 광년光年(1광년은 1초에 30만km를 가는 빛이 1년 동안 가는 거리) 떨어진 곳에 있는 태양의 2,000조兆 배倍나 되고 내부 온도가 200억 도에 달하는 엘 고르도라는 최대 규모의 은하군단을 발견했다 하니 불안佛眼으로나 볼 수 있는 천안통이 실현된 것이다.

아침에 일본 동경에 가서 점심을 먹고, 저녁에는 서울에서 저녁을 먹는 것은 쉬운 천족통이며, 1948년에 개최된 영국 런던올림픽에 참가하기 위하여 우리 선수단이 배와 비행기로 21일 만에 런던에 도착하였는데, 요즘 올림픽은 생중계 방송으로 안방에서 바로 보고 들을 수 있는 천이통은 60년 전 옛날에는 상상도 못했던 일이다.

또한 현재 컴퓨터와 스마트폰의 최첨단 기술은 가히 숙명통을 능가할 만큼 인간의 지능을 지배하고 있고, 러시아 과학아카데미 연구소의 다비트 길리친스키 박사 연구진은 시베리아 툰트라(영구동토층)에서 3만2천 년 동안 얼어 있었던 열매로 꽃을 피우는 데 성공했다하니 타심통이라 할 수 있지 않은가?

오신통은 누구나 수행의 과果로 얻을 수 있지만 예부터 신통을 함부로 부리면 술術이 되기 때문에 승가僧伽에서는 금기하고 있다.

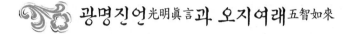

옴 아모카 바이로차나 마하무드라
마니 파드마 스바라 프라바를타야 훔

비로자나불의 법신광명法身光明으로 무명과 업장을 걷어내고 자
성의 밝은 본성이 드러나게 하는 진언이다.

'옴(Om)'은 창조 발생을 뜻하는 '아'와, 존립存立 유지를 뜻하는
'오'와, 소멸消滅 종국終局을 뜻하는 '마'의 합성어로 순수한 직감에
의해서 나타난 원초적 생명의 초성初聲이며, 반야지혜 광명이 일체
부처님과 만물만생을 들이고 내는 불모佛母의 자리이다.

'아모카(Amogha)'는 불공不空으로 텅 빈 것이 아니라 영원생명
(常), 무한행복(樂), 무애자재(我), 청정무구(淨)로 가득 채워져 있다.

우리 중생들은 참나를 모르는 어리석음 때문에 욕심을 비우지
못해 '옴'의 자리와 하나를 이루어 여의보주를 한번 굴려 써보지도
못하고 덧없고 허망한 삶을 이어 가고 있는 것이다.

수행자는 진언眞言을 염송하면 법신불인 대일여래大日如來를 중심으

로 육신 자체로 부처가 될 수 있다는 즉신성불卽身成佛을 강조한다.

오지여래五智如來 중 성소작지成所作智를 성취하신 불공성취여래不空成取如來로 북방에 계신다.

'바이로차나(Vairocana)'는 광명변조光明遍照라 일체 세간의 만물을 두루 비추고 암흑을 제거하는 법신체로서 비로자나부처님의 대지혜광명大智慧光明은 시공을 초월하여 언제나 발현되고 있다는 것이다. 마하(大), 비로자나(日)인 대일여래大日如來는 법계체성지法界體性智로 불부佛部의 중앙에 계신다.

'마하무드라(Mahamudra)'는 우주의 큰 도장을 뜻하는 대인大印이다. 이는 '옴 아모카 바이로차나'까지의 내용이 절대 변하지 않는 진리라는 사실을 다시 한번 대인으로 확인시켜 주는 것이다.

주불은 대일어래大日如來가 주존으로 계실 때 수행 비구로 부처님 앞에 화 내지 않겠다는 서원을 세워 대원경지를 성취하신 아촉불로 동방에 계시며, 동쪽으로 1천 국토를 지나 극락세계 아비라타(Abhirata)국에서 분노를 가라앉히고 마음의 동요를 진정시키는 역할을 하시며 현재 설법하고 계시는 부처님이시다.

'마니(Mani)'는 마니보주로서 무엇이든 소원 성취가 이루어진다 하여 여의보주如意寶珠라고도 한다.

주불은 보생여래寶生如來로 마니보복덕취공덕摩尼寶福德聚功德으로 평등성지를 이루시고 남방에 계시며 능히 일체중생의 소원을 원만히 성취시켜 주고 재보와 행복을 관장하고 계시는 부처님이시다.

'파드마(Padma)'는 연화蓮花를 뜻한다. 처염상정處染常淨 염정불이染淨不二라. 연꽃은 더러운 진흙탕 속에 뿌리를 내리고 꽃을 피우지만 그 더러움을 머금지 않고 언제나 청정함을 자랑한다. 중생을 이루는 불성 또한 같다.

주불은 아미타불阿彌陀佛로 무량광불無量光佛, 무량수불無量壽佛로도 표현한다.

『정토삼부경淨土三部經』에 과거 십겁十劫 전에 법장보살法藏菩薩로서 48원을 세워 묘관찰지로 깨달음을 얻으시고 대승보살도大乘菩薩道를 서방정토 극락세계에서 펴고 계시는데, 열여덟 번째 원願인 염불왕생원念佛往生願은 '불국토에 태어나려는 자는 지극한 마음으로 내 이름을 염念하면 왕생하게 된다.' 하시어 일심一心 염불을 주문하신다.

'즈바라(Zuvara)'는 광명이고, 무명의 암흑세계를 밝혀 주는 것은 오직 광명뿐이다.

'프라바릍타야(Pravarttaya)'는 전변轉變이란 뜻으로, 수행으로서 식識을 반야지般若智로 바꾸어 성불해야 한다는 것이다.

'훔(Hum)'은 종성終聲으로 완성과 성취를 의미한다.

티베트 경전에는 광명진언光明眞言을 한번 외움은 위 다섯 부처님의 가피를 받음은 물론 죽어서는 중간계에 들지 않고 오선정五禪定 부처님께서 마중 나오셔서 비추는 광명에 인도되어 바로 해탈하여 정토에 태어난다고 한다.

원효대사께서 "깨끗한 모래를 그릇에 담아 놓고 광명진언을 108

독한 후 조상의 묘에 뿌리면 바로 천도가 된다."라 하셨다.

　우리가 염불할 때 광명진언을 염하고 있는 내가 바로 여의보주(마니)요 연꽃(파드마)이며 광명(즈바라)임을 확신해야 한다.

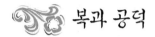 복과 공덕

인간총총영중무人間匆匆營衆務

불각년명일야거不覺年命日夜去

여등풍중멸난기如燈風中滅難期

망망육도무정취忙忙六道無定趣

인간이 바쁘게 일에 끄달려

목숨이 줄어드는 걸 알지 못하네

바람 앞 등불이 위태하건만

육도에 바빠 정처가 없네.

중국 수당시대 선도대사善導大師(613-681) 게송이다.

복福(명예 부귀영화 등)은 잘 지은 전생前生으로부터, 금생今生에
자기가 세운 목표를 향해 성실成實, 근면勤勉, 꾸준한 노력努力으로
성취된 결과에 따라 누리게 되지만, 대통령도 재벌도 각자 자기
기분에 따라 누리는 즐거움에 취해 이것이 지상 최고의 낙樂으로

생각하고, 시간 귀중한 것 모르고 살다가 늙고 병들어 이 몸을 벗고 갈 때는 언제나 빈 손으로 가게 되어 있는 것이다.

그러나 공덕은 육바라밀(布施·持戒·忍辱·精進·禪定·智慧) 수행의 과果로서 육도윤회의 고苦에서 벗어나 환지본처還地本處, 즉 본래 내 고향인 자성불自性佛 자리로 돌아오는 것을 말한다.

재물 없이 누구에게나 베풀 수 있는 보시 일곱 가지를 무재칠시無財七施라고 한다.

① 화안시和顔施 : 상대방에게 언제나 웃는 얼굴로 대하는 보시
② 언시言施 : 부드러운 말로써 위로하고 격려하는 보시
③ 심시心施 : 누구에게나 자비롭고 따뜻한 마음을 주는 보시
④ 안시眼施 : 사랑스런 마음을 담은 눈빛으로 대하는 보시
⑤ 신시身施 : 몸으로 궂은일을 정성껏 도와주는 보시
⑥ 좌시座施 : 노약자나 어른에게 자리를 양보해 주는 보시
⑦ 찰시察施 : 따지거나 묻지 않고 속으로 헤아려 살펴주는 보시

사성제四聖諦와 팔정도八正道

고타마 싯달타께서 성도成道 후 녹야원에서 교진여 등 다섯 비구들에게 최초로 사성제를 설하셨다고 해서 그것을 초전법륜初轉法輪이라 하는데, 깨달음에 이르는 법法의 수레바퀴를 굴렸다는 뜻이다.

네 가지의 성聖스럽고 참다운 제諦(진리)라고 한다.

고성제苦聖諦

모든 것이 괴롭다고 하는 고苦의 첫 번째는 생로병사生老病死의 사고四苦와 애별리고愛別離苦(사랑하는 사람과 헤어지는 고통), 원증회고怨憎會苦(밉고 보기 싫은 사람과 만나야 하는 고통), 구부득고求不得苦(구하는 바를 얻지 못하는 고통), 오취온고五取蘊苦(나를 세우고 나의 것으로 집착하는 고통)의 고苦이다.

집성제集聖諦

괴로움의 원인을 나타내는 말인데, 인간의 근본 미혹迷惑으로 인

한 욕망과 애착이 모여(集) 괴로운 번뇌煩惱가 일어난다. 이것이 욕망과 갈증과 존재에 대한 갈애渴愛인데, 감각기관을 통해서 느끼는 것은 모두 좋은 것만을 탐하고, 하나가 충족되면 둘을 추구하는 욕애慾愛, 나(我)라는 존재가 영원하여 좋은 것을 항상 향유하기 바라고 생명이 계속 이어지기를 바라는 집착인 유애有愛, 이 욕애와 유애를 추구하다가 결국 자포자기 상태에서 허무虛無를 탐닉하게 되는 무유애無有愛가 있다.

멸성제滅聖諦

괴로움의 원인인 갈애가 완전히 소멸된 상태를 말하는데, 무아無我라는 진리眞理를 깨달으면 열반涅槃 또는 해탈解脫이라고 한다.

도성제道聖諦

대승불교의 육바라밀과 원시불교의-열반을 실현하는 길(道), 즉 수행修行 방법으로-팔정도八正道를 말한다.

정견正見 : 올바른 견해로 있는 그대로 보는 여실지견如實知見
정사正思 : 정견에 기초하여 올바른 사유思惟가 생기고
정어正語 : 올바른 말과
정업正業 : 올바른 행동과
정명正命 : 올바른 생활과
정정진正精進 : 올바른 노력으로

정념正念 : 올바른 마음 챙김이 생기고

정정正定 : 올바른 선정禪定을 이루어 열반을 성취한다.

견서사자게堅誓獅子偈

무수겁無數劫 전에는 사자獅子도 말을 할 수 있는 때가 있었는데, 벽지불辟支佛 즉 아라한도阿羅漢道를 성취한 도인의 설법장에 금색 찬란한 털을 가진 '금모사자金毛獅子'가 공손히 무릎을 꿇고 앉아 법문을 듣고 있었다.

그때 한 포수가 사냥을 나와서 설법 장소를 지나가던 중 금모사자를 보고, "내가 저 사자를 잡아 금색 찬란한 털을 왕자에게 바치면 큰 상을 받을 것이다."라고 생각하였으나, 괴력을 갖추고 힘이 센 영험 있는 금모사자를 함부로 잡을 수가 없었다.

그래서 꾀를 내었다. 포수는 머리를 깎고 가사를 빌려 입고 독毒이 든 화살촉을 숨겨 가지고 금모사자 옆에 앉아 같이 법문을 듣다가 독촉으로 사자의 옆구리를 찔러 버렸다.

온몸에 독이 급속히 퍼져나가자 노여움에 사무치는 진심瞋心은 한 순간에 가사 입은 포수를 덮쳐서 죽일 수도 있었지만, 그 포수가 가사袈裟를 입고 있으므로 '방삼보계謗三寶戒'의 "불법승佛法僧 삼보三寶에 해害를 입히거나 비방誹謗하지 말라는 계戒"의 법문이 생각나 차마 그럴 수가 없어 금모사자가 고통을 참고 죽어가면서 읊은 슬픈 노래가 「견서사자게」이다.

원자상신 명願自喪身命
종불기악심終不起惡心
향어괴색 복向於壞色服

원컨대 내 신명을 다 잃어버린다 해도
끝내 가사 장삼을 입은 스님을 향해서는
해치고자 하는 악심을 품지 않겠습니다.

불설우란분경佛說盂蘭盆經

'우란분'이란 범어 울람바나(Ullambana)로, 죽은 이의 영혼이 악도에 가서 거꾸로 매달려 고통을 당하는 것을 뜻하는 말이다.

왕사성에 부상傅相이라는 장자가 있었는데 남에게 선행을 잘하고 덕망이 높았으나 나복羅卜이라는 아들을 남겨놓고 세상을 떠났다.

이에 효성이 지극한 나복은 산소에서 3년상三年喪을 마치고 아버지의 유산을 정리하여 1분은 아버지를 위하여 날마다 오백승재를 베풀고 삼보전에 공양을 올리는 데 쓰게 하고, 1분은 어머니 청제靑提부인께 드려 문호를 보존케 하였으며, 나머지 1분은 금지국에 가서 장사를 하였다.

아들이 떠난 뒤 청제부인은 삼보를 비방하며 날마다 짐승을 잡아서 술을 마시며, 사내들과 방탕한 생활을 하다가 죽자 나복이 돌아와 장례를 치르고 어머니 묘 앞에서 대승경전을 읽으며 또 3년상을 치렀다.

그 후 나복이 부처님이 계시는 기사굴산에 가서 부처님께 여쭈었다.

"무슨 공덕이 있어야 출가를 할 수 있습니까?"

"만약 한 남자가 타인에게 보시를 베풀어서 부처님을 따라 출가하게 하는 것은 팔만사천의 보탑寶塔을 만드는 것보다 높은 것으로, 7대 조상을 정토에 태어나게 하고 살아 있는 부모는 백 년 동안 복과 즐거움을 받게 하는데, 너는 스스로 보리심을 낸 것이 아니냐?"

그리고는 나복의 머리에 수기를 주시고 대목건련이라 하시며 십대 제자 중 신통이 제일이라 하셨다.

목련이 신통으로 화락천궁에 이르러보니 아버지는 천상의 복을 누리고 있으나, 그 어머니는 볼 수가 없어 세존께 아뢰었다.

"너의 어머니는 생전에 지은 죄업으로 아귀지옥에 떨어졌느니라."

목련이 어머니를 구하기 위해 지옥으로 들어가 어머니를 보니 배는 남산만 하고 목은 바늘구멍만 하고 몰골은 차마 볼 수가 없었다. 정성껏 장만한 음식은 입에 넣는 대로 활활 타서 없어져 버리니 아들인 목련존자는 너무나 당황스럽고 고통스러웠지만 어떻게 할 수가 없었다.

다시 부처님께 어머니가 지옥고를 벗어날 방법을 여쭈니 '보시布施'니라 하셨다.

목련은 부처님 말씀에 따라 자신이 출가 전에 지녔던 모든 재산을 불쌍한 사람에게 나누어 주고 승단에 가람을 세우고 대중공양을 베풀며 지극정성으로 보시행을 한 공덕으로 어머니는 아귀의 몸에서 벗어나게 되었지만, 왕사성에서 개의 몸을 받았다.

목련이 다시 부처님께 여쭈었다.

"어머니가 어떻게 하면 개의 몸을 벗을 수 있습니까?"

"음력 칠월 보름(백중)은 스님들의 하안거 해제 날로 수행승들에게 대중공양을 올리고 재를 지냄으로써 너의 어머니가 도리천궁에 태어나 모든 즐거움을 받으며 마땅히 법을 설하여 중생들을 이롭게 할 것이다."

육조혜능 스님은 평소 나무를 팔아 어머님을 봉양하는 효심을 통하여 선정禪定을 닦으셨다.

선정은 효심이며 착한 마음이다. 지금까지 해온 선정과 『금강경』 사구게인 '응무소주 이생기심'이 맞아 떨어지면서 깨친 것이다.

수행修行이란 참선 · 염불 · 주력 등 성신에 보시 · 지계 · 인욕 · 봉사 · 나눔 · 효행 · 자비행 등의 선정을 닦으면 반야지혜 광명光明으로 이어지는 것이다.

과거 무량 아승지겁에 한 부처님이 계셨으니 이름이 청정연화목여래淸淨蓮華目如來이며 수명은 40겁이셨는데, 이 부처님의 상법시대像法時代에 한 나한羅漢이 중생을 교화하던 중 한 여인을 만났는데 그 이름이 광목光目이다.

그녀가 많은 음식으로 공양을 올릴 때 "원하는 것이 무엇이냐?" 하니 "제가 어머니를 천도하고자 하오나 어머니가 어느 곳에 가서 나신 줄을 알지 못합니다." 하니 나한이 정定에 들어 광목의 어머니를 관觀하여 보니 지옥에서 고통을 받고 있었다.

"평소에 어떠한 업業을 지었는가?" 물으니 "물고기와 자라 등 특히 어린 새끼들을 천千이나 만萬 배 이상 잡아먹었을 것입니다." 하니 "그대는 청정연화목여래를 언제나 생각하고 그 형상을 조성하고 그려서 모시고 공양을 올리면 어머니가 지옥으로부터 구제 받을 수 있을 것이다." 하였다.

광목이 우러러 예배드리니 금빛 찬란한 큰 광명이 수미산과 같이 빛나면서 "네 어머니는 오래지 않아 네 집에 태어나 배고프고 추운 것을 느낄 만하면 곧 말을 하게 되고, 13세에 다시 악도에 떨어지게 될 것이다." 하셨다.

"시방세계의 부처님이시여! 제가 어머니를 위하여 새로운 광대한 원을 세우겠으니 들어 주시옵소서. 나의 어머니가 삼악도는 물론이고 여인의 몸을 여의어 영겁토록 그러한 업을 받지 않는다면 청정연화목여래 앞에 맹세하겠습니다. 이 뒤로 백천만억 겁 동안 모든 세계의 지옥과 삼악도의 모든 죄罪의 중생들을 제도하여서 그들로 하여금 지옥·아귀·축생의 몸을 여의게 하고 이와 같은 죄보의 무리들이 모두 성불한 연후에 저는 정각正覺을 이루겠나이다."

그때 청정연화목여래의 목소리가 들려왔다.

"광목아! 너의 어머니는 13세를 마치면 바라문으로 다시 태어나 백수를 누리고 무위 국토에 태어나 헤아릴 수 없는 겁劫을 지내다가 불과佛果를 이루어 널리 항하사 같은 인간과 하늘을 제도

하리라."

그때 나한은 무진의보살이고, 광목의 어머니는 해탈보살이며, 효녀인 광목光目이 지장보살地藏菩薩이시다. 효심이 깊으신 여러분들도 지장보살입니다.

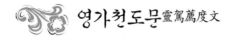# 영가천도문靈駕薦度文

생시일진청풍기生時一陣淸風起

멸거정담월영침滅去淨潭月影沈

생멸거래무장애生滅去來無障碍

날 때는 한 가닥 맑은 바람 일어난 것 같고

멸해 가매 맑은 못에 달그림자 잠긴 것 같아

나고 멸하고 가고 오는 데에 걸림이 없도다.

　인간계에 나와 한평생 유희하다가, 사대四大가 비록 각각 흩어졌
으나, 영가의 일점영명一點靈明은 신령스럽게 홀로 비추어 밝게 드
러났도다.

　성인聖人에 있어서도 더하지 않고, 범부凡夫에 있어서도 덜하지
아니하나니, 그것은 해탈하여 아무 데에도 걸리는 바가 없으며, 비
록 형상이 없고 처소가 없더라도, 능히 시방세계를 꿰뚫고 모든
부처님 세계에 들어가 노닐 수가 있는 것이다.

머리 머리에 해와 달과 같이 밝고, 물건 물건마다 나타나되, 취取하려 해도 얻을 수 없고 버리려 해도 항상 있음이로다.

헤아릴 수 없는 광겁曠劫으로부터, 날 때에도 나는 데에 따르지 아니하고, 죽을 때에도 죽는 데에 따르지 않으며, 저 세계 이 세계로 돌아가고 돌아오되 자취 또한 없도다.

그러나 눈에 있어서는 보고, 귀로 듣나니, 육근六根에 서로 나타나 요요耀耀하고 분명分明하도다. 그러므로 위로는 모든 부처님 근원根源에 합하였고, 아래로는 모든 중생들의 마음의 땅에 합했나니 "곳곳이 참되고 곳곳이 참되며, 티끌 티끌이 본래 사람이며, 진실을 말할 때에 소리는 앞에 나타나지 않으나, 본체는 당당하여 오직 눈앞에 있도다." 하는 것이니, 영가여 알겠는가?

한 물건이 신령神靈히여 묘용妙用이 자재自在하니 본래부터 생사가 없는 줄을 알겠는가? 근진根塵을 벗어나 전체가 드러나니 산하와 대지가 이대로 내 집일세.

억!

그물에 걸리지 않는 바람처럼
비우고 떠나기

초판 1쇄 인쇄 2014년 8월 10일
초판 1쇄 발행 2014년 8월 15일

지은이　청운 스님
펴낸이　이규만

펴낸곳　불교시대사
등록일자 1991년 3월 20일
등록번호 제 1-1188호
주소　　(우)110-718 서울시 종로구 인사동 7길 12 백상빌딩 1305호
전화　　02-730-2500
팩스　　02-723-5961
e-mail　kyoon1003@hanmail.net

ISBN　978-89-8002-143-7 03220